L'Enseignement Ménager dans les Ecoles rurales

Cet opuscule est vendu au Profit de la Société de Secours Mutuels
des Membres de l'Enseignement public du Cher

ASSOCIATION AGRICOLE

DE

VIERZON & CANTONS RÉUNIS

Chârost, Graçay, Lury, Mehun, Vierzon

NOTIONS ÉLÉMENTAIRES

d'Enseignement ménager

A L'USAGE DES ÉCOLES RURALES

PUBLIÉES SOUS LES AUSPICES DE L'ASSOCIATION

PAR VALENTIN PEAUDECERF

Ancien Sénateur du Cher

Président d'Honneur de la Société de Secours Mutuels des Instituteurs du Cher

Dans la première partie sont exposées et résumées les connaissances utiles et indispensables à acquérir par **toutes** les élèves de nos Écoles primaires de Filles.

La seconde partie est consacrée aux questions plus spéciales intéressant les jeunes élèves qui auront, plus tard, à prendre une part active et sérieuse aux travaux de maîtresse de ferme, et à devenir, à leur tour, la femme laborieuse, dévouée, instruite, qui secondera le mari dans la réussite générale de son exploitation agricole.

Cet opuscule est vendu au Profit de la Société de Secours Mutuels des Membres de l'Enseignement public du Cher

Prix : **Un franc**

BOURGES

J. FOUCRIER, IMPRIMEUR-ÉDITEUR

1 ET 3, PLACE BERRY

1912

NOTIONS ÉLÉMENTAIRES

D'ENSEIGNEMENT MÉNAGER

Dans les Écoles rurales

PREMIÈRE PARTIE

Les soins du ménage. — Entretien du mobilier. — Préparation des mets. — Couture. — Tricots. — Crochets. —
Lessive. — Savonnage. — Séchage du linge. — Repassage,
pliage. — Les vêtements et la literie, etc.

DEUXIÈME PARTIE

La Basse-Cour. — Élevage des diverses volailles. — Produits
de la basse-cour.

La Vacherie. — Le veau. — Le lait — Le beurre. — Le fromage. — La laiterie.

La Bergerie. — Les brebis-mères. — Les agneaux.

La Fabrication du Pain de ménage. — La galette.

Le Jardin de l'École.

Dans un précédent opuscule, l'Association Agricole de Vierzon a eu pour but d'indiquer et d'apprendre aux élèves de nos écoles rurales de garçons ce que tous doivent connaître pour tirer du sol les meilleures récoltes.

Si le rôle du chef d'une culture est considérable, si ses yeux et ses soins de tous les instants se doivent à tous : animaux de travail, bestiaux de revenus, vaches, brebis, etc., serviteurs et ouvriers divers de l'exploitation, celui de la ménagère n'est pas moins étendu, moins important pour assurer la réussite.

C'est à le remplir que doivent, dès le jeune âge, se préparer les jeunes filles de nos amis cultivateurs; aussi, est-ce dans le but et l'espoir de faciliter la difficile et lourde tâche de ces intéressantes écolières et de seconder celle de Mesdames les Maîtresses chargées de l'enseignement **ménager** *que notre Association Agricole a cru utile de résumer, ci-après, quelques conseils amicaux.*

LE BUREAU DE L'ASSOCIATION.

Pour le Bureau :

V. PEAUDECERF, Président, Agriculteur, ancien Sénateur;
E. BOULEAU, Architecte, Secrétaire général.

Vierzon, le 17 Juin 1911.

PREMIÈRE PARTIE

Les Soins du Ménage. -- Couture. -- Tricot. Lessivage. -- Repassage du Linge

I

Pour devenir une bonne ménagère, et plus tard être une vraie compagne du mari travailleur et une excellente mère de famille, la jeune fille doit d'abord apprendre sérieusement ce qu'il est indispensable de bien savoir : lire, écrire, compter ; connaître le système métrique, faire facilement et promptement un calcul mental, savoir mesurer exactement de l'étoffe, du cordonnet, de la ganse, etc. ; opérer, avec balance et poids, la pesée d'objets et marchandises diverses ; connaître l'histoire et la géographie de la France, celle du département qu'elle habite et tant d'autres choses utiles encore !

Il importe que les jeunes élèves de nos écoles prennent de bonne heure et en toutes choses, des habitudes de propreté, d'ordre et d'économie.

L'enseignement *ménager* a pour but de fournir, aux enfants, la connaissance des détails nombreux qui feront de la jeune élève une véritable, intelligente et capable femme de ménage.

Le Ménage : Entretien du Mobilier. — Nous indiquerons, tout d'abord, savoir placer convenablement le bois dans la cheminée ou dans le fourneau, de manière à faciliter, à assurer l'allumage prompt du combustible, le chauffage, et de préparer, ou de faire réchauffer les aliments de la famille. Que de gens, hélas, ne savent ni dresser, ni allumer le feu !

Puis, il faut apprendre à balayer partout et convenablement les chambres, passer avec soin le plumeau dans les coins et recoins ; ne jamais se servir, pour le dehors, du balai plus propre qui reste destiné à l'intérieur.

On doit ranger, avec grande précaution, dans l'étagère-buffet ou vaisselier à ce destiné, les plats, les assiettes, verres et gobelets ; dans le tiroir de la table, sur laquelle on prend les repas, se déposent les cuillères, les fourchettes ; tout doit être soigneusement lavé à l'eau chaude, puis passé à l'eau froide, rincé et essuyé avant d'être mis en ordre après chacun des repas ; ce faisant on évitera, sans grande perte de temps, et sans peine, des bris de vaisselle.

De même les pots, les marmites, les casseroles, poêles, et tous autres ustensiles de cuisine auront leur place marquée, *toujours la même*, où ils se retrouvent et se prennent aisément sans recherches inutiles. C'est de l'ordre.

Après chaque repas, on range aussitôt le pain et les restes dans un placard fermé, afin d'éviter les larcins que pourraient commettre chiens ou chats et aussi pour soustraire ces mets aux poussières qui voltigent, aux mouches qui encombrent souvent et malgré tout, les chambres et cuisines des fermes. Il faut, en un mot, que, dans l'habitation, tout indique la propreté, l'ordre, et que la demeure du travailleur lui soit rendue ainsi agréable, quand il y rentre fatigué de son dur labeur.

Chacun fait sa cuisine, prépare ses aliments à sa manière ; il semble inutile d'indiquer ici des détails ou des explications ; il appartiendra aux mères de famille d'initier leurs jeunes filles à la préparation des mets si variables d'ailleurs suivant les goûts et les habitudes.

Pourtant, il sera possible et bien de montrer aux fillettes comment on cuit un œuf sur le plat, un œuf dur ou brouillé ; l'occasion se trouvera lorsque des écolières éloignées apportent, le matin, à l'école, le déjeuner de midi.

On devra donner aussi quelqu'utiles indications sur la manière d'obtenir un bon *pot-au-feu* ; faire connaître les diverses précautions à prendre : placer la viande à cuire dans le pot, chauffer peu à peu, écumer, c'est-à-dire enlever la saleté grasse qui monte tout d'abord à la surface, puis préparer, échauder les légumes ; enlever du pot ou de la marmite, ce qu'il convient de liquide afin d'obtenir, sans perte, la place nécessaire aux légumes à y incorporer ; — c'est là ce que les ménagères appellent *arriver le pot-au-feu* ; — ensuite, il faut bien veiller à ce que la cuisson s'effectue très lentement, et à remplir, au fur et à mesure et presque constamment, avec le premier bouillon qui a été retiré et conservé.

Pour obtenir un bon bouillon gras, il faut plusieurs heures (5 ou 6) de cuisson très, très lente et avoir ainsi une viande bien cuite ; c'est *le consommé* très estimé par les travailleurs ; on colore le bouillon avec un oignon cuit dans la cendre chaude du foyer, ou en mettant une boule d'extrait d'oignon brûlé dit « pot-au-feu ».

Le bon pot-au-feu, qui donne à la famille la soupe grasse, les légumes et la viande, est, sans conteste, le meilleur et le plus économique de tous les mets.

Dans toutes les fermes du Berry, chez le plus grand nombre des travailleurs autres que ceux de la terre, la nourriture — en dehors de la viande réservée pour les repas des dimanches et des jours de fête — se compose presqu'exclusivement de haricots, de pommes de terre, de choux, raves, carottes, choux-raves ; il sera bon d'indiquer aux enfants que les haricots, les pois secs, etc., pour bien cuire, doivent être mis *à revenir* la veille, c'est-à-dire les laisser tremper dans de l'eau très chaude qui rendra plus tendre l'écorce dure et sèche ; les légumes verts, les racines, bien lavés, rapés, préalablement, à la mise au pot devant le foyer, doivent être tous surveillés durant la cuisson et, ainsi qu'il a été recommandé pour le « pot-au-feu », il y a lieu de remplir, avec de l'eau bien chaude, le liquide tari, et de maintenir le pot bien plein. On doit faire de même lorsque la ménagère fait cuire des fruits secs : pruneaux, poires, pommes, séchés au four, et aussi les châtaignes ; celles-ci se font souvent griller dans une poêle percée de trous, qu'il faut placer sur un feu à flamme vive et claire ; on secoue les châtaignes dès qu'elles ont été bien échauffées et qu'elles ont ressué. Elles cuisent mieux ; la peau extérieure plus grossière, de même la pellicule plus fine qui garnit intérieurement le fruit, se détachent plus aisément.

Les pommes de terre [1] sont un légume excellent et très nourrissant ; elles se préparent de tant de façons différentes qu'on ne s'en lasse jamais : la ménagère les fait cuire tantôt en ragoût, avec ou sans restes de viande ; tantôt au *blanc* avec une sauce au lait ou à la crème ; tantôt, coupées en tranches, elle les fait frire, avec de la graisse ou de l'huile, dans la poêle sur la flamme ou sur le fourneau. Dans les fermes on se contente, le plus souvent, de cuire les pommes de terre « à l'étouffé ». La ménagère met un peu de cendres mouillées au fond de la marmite afin d'éviter qu'elle éclate par suite de la vive action du feu, elle la remplit de pommes de terre entières et non pelées ; elle suspend la marmite à la crémaillère de la cheminée après l'avoir bien close de son couvercle ; la vapeur de l'eau contenue dans les tubercules se dégage ; elle cuit les pommes de terre qui sont mangées à la « croque au sel » avec un peu de fromage frais. C'est là avec la soupe, l'hiver, le repas du soir du plus grand nombre des travailleurs de la culture et aussi des nombreux ouvriers des corps d'état : maçons, couvreurs, charpentiers, etc., dans nos bourgs.

---

(1) La maîtresse racontera aux enfants l'histoire bien connue de leur introduction en France par Parmentier, qui l'avait rapportée d'Amérique.

Ici se bornent nos observations et conseils auxquels il pourrait être ajouté beaucoup d'autres cependant.

Nos jeunes écolières doivent apprendre à raccommoder les vêtements et aussi tricoter, savonner le linge fin, le sécher, le repasser et faire la lessive.

Marques. — Mesdames les maîtresses d'enseignement ménager pourront tout d'abord faire faire aux enfants les lettres de l'alphabet, les numéros de un à neuf et zéro, sur du canevas avec de la laine teinte et une aiguille dite *à tapisserie;* ces aiguilles sont assez grosses et ne blesseront pas les petits doigts des fillettes ; cet exercice de travail simple leur permettra de pouvoir, assez promptement, marquer le linge plus fin, plus serré et y tracer les initiales de leurs noms.

Couture. — Il faut d'abord apprendre à ourler des torchons, puis des mouchoirs de poche et ensuite du linge plus fin, plus précieux, et des étoffes de plus grandes dimensions. Les écolières devront alors s'habituer et s'appliquer à coudre avec soin et précaution ; veiller et s'habituer à faire des points courts et très réguliers ; enfin assujettir des fragments de vêtements qu'on aura coupés devant elles sur un modèle dit *patron.*

Tricot. — *Tricoter* est un travail féminin utile et indispensable à savoir faire ; d'abord, parce que les bas que la ménagère fabrique et monte elle-même avec la laine ou le coton qu'elle choisit sont toujours mieux *finis,* plus solides que ceux achetés tout faits ; ensuite parce que c'est, pour elle, un moyen facile d'occuper beaucoup d'instants en allant, venant et exerçant une surveillance ; un tricot se prend, se laisse et peut se reprendre facilement ; il n'en est pas de même de beaucoup d'autres travaux. Enfin, les bas que tricote la ménagère se *rebossent* plus facilement parce qu'ils ont les mailles moins serrées, moins fines que celles des tricots faits à la machine tricoteuse.

Chacun sait que les bas s'usent principalement au pied et surtout au talon, en raison du frottement contre la chaussure, souliers ou sabots. On a besoin de les réparer : la jambe restant bonne, il faut faire un pied neuf ; c'est là ce qu'on entend par *rebusser* les bas : on coupe le vieux bas, là où il faut enlever ce qui est devenu mauvais et qu'on ne peut plus utilement repriser, puis on renmaille les broches à tricoter dans la partie conservée (la jambe du bas), et alors on peut tricoter le pied et le talon comme on l'eut fait au bas tout entier neuf.

Il est très utile d'apprendre aux enfants à faire ce travail en les aidant et en leur montrant à très bien reprendre *toutes* les mailles de la jambe conservée.

Enfin, les élèves doivent être appliquées à faire très proprement des *reprises* à l'aiguille afin de réparer les bas, les chaussettes, les jupes et tous vêtements usés ou troués par accident.

Il faut aussi habituer les jeunes filles à faire pour elles-mêmes, pour leurs plus jeunes sœurs, voire même pour les pauvres — songer aux malheureux est si bien et si bon — des fichus au crochet de buis.

Mais, disons de suite et recommandons de prohiber tous travaux qui nécessitent l'emploi des crochets fins *en acier ;* ces crochets sont très dangereux, et pour l'enfant qui s'en sert et, non moins le plus souvent, pour les petites voisines à la table de classe. La prohibition de ces crochets dans les écoles sera le plus sûr moyen d'éviter les accidents très graves qu'ils ont déjà causés ; les enfants sont si vifs et si turbulents !

Enfin, pourquoi ne pas le dire ? Parce que les menus travaux qui s'exécutent en se servant de ces dangereux petits engins ne sont que des fantaisies peu utiles, dentelles *au crochet*, vendues au mètre à des prix si minimes qu'il vaut mieux les acheter fabriquées.

La Lessive. — La maîtresse d'enseignement ménager devra enseigner à ses élèves comment elles auront à s'y prendre pour exécuter un savonnage de linge et aussi faire la lessive : trier le linge, compter ensuite les divers objets de même espèce et inscrire une note détaillée qui servira à s'assurer, après le séchage et le pliage, qu'il n'a été égaré quoi que ce soit.

Le cuvier ayant été dressé sur les pieds destinés à le supporter à une certaine hauteur au-dessus du sol, on place intérieurement, devant le trou dans lequel s'introduit le tuyau de coulage de l'eau, un petit faisceau de brindilles de bois liées ensemble, afin d'empêcher, au besoin, l'obstruction du tuyau. On étend ensuite, dans le fond du cuvier, une grande toile dont on ramène les bords tout autour au-dessus ; on nomme cette grande enveloppe « le charrier », elle est destinée à couvrir tout le linge que contiendra le cuvier. Sur le fond ainsi garni, on met, réunis dans un sac de toile grossière, la cendre **de bois,** préalablement tamisée, afin d'enlever les pierrailles, les charbon ou braise, et aussi des clous ou pointes, etc., qu'elle pourrait contenir. La cendre est additionnée ou non de cristaux de soude ; puis, la ménagère place par couches régulières le linge le plus lourd d'abord : torchons, essuie-mains, draps de lit, chemises d'hommes et, ensuite, serviettes, chemises de femme et autre linge fin ; le tout est recouvert avec le charrier.

Ensuite, il reste à *abreuver,* c'est-à-dire à remplir le cuvier d'eau bien claire de puits ou de fontaine, en arrosant le linge qu'il contient. D'aucunes personnes trempent le linge dans l'eau avant de le placer dans le cuvier. Ce procédé présente des avantages ; il a aussi quelques inconvénients. On laisse s'écouler l'eau dans la bassine ou chaudière du fourneau et on la rejette sur le linge ; c'est là ce qu'on appelle *abreuver la lessive.* Le linge est ensuite laissé à tremper.

Le lendemain, il y a lieu de *couler* et *chauffer* la lessive, en modérant tout d'abord le foyer ; une température trop vive, en commençant, nuirait au bon lessivage, car l'eau trop chaude cuirait, sur le linge à nettoyer, les matières graisseuses et autres. Il importe de chauffer lentement, progressivement de plus en plus et de reverser constamment sur le linge, en se servant du pot à lessive muni d'un long manche en bois, le *lessif* qui s'écoule par le chenal ou *canon à lessive*, du cuvier dans la chaudière. Il faut une journée entière pour couler et chauffer une lessive. La longueur de ce travail varie suivant l'importance, la quantité de linge contenu dans le cuvier.

Quand la personne préposée à l'opération juge que les chauffage et coulage sont suffisants, que la lessive est faite et bonne, ce que l'expérience lui fait reconnaître en touchant avec la main le liquide devenu onctueux, doux aux doigts, elle arrête le coulage en bouchant le tuyau ; elle rejette sur le linge le liquide restant dans la chaudière et elle abandonne la lessive à elle-même jusqu'au lendemain matin ; le linge lessivé se refroidit peu à peu dans le cuvier.

Le lendemain, dès l'aube et avant le jour, dans l'hiver, on sort le linge du cuvier, on le met, avec précaution, dans des sacs bien propres, — le mieux est d'avoir des sacs qui ne servent qu'à cet usage, — et le linge est conduit au lavoir, où *les laveuses* le rincent, le lavent, le frottent à la main ce qui est le mieux, ou à la brosse, avec précaution, car la brosse use le linge ; elles le savonnent, afin d'enlever du tissu toutes les impuretés dont il serait encore imprégné. Au fur et à mesure du lavage de chaque pièce effectué, le linge est placé sur des chevalets assujettis et fixés solidement derrière chacune des laveuses ; là, il s'égoutte ; puis il est transporté au dehors du lavoir, et étendu sur des barres horizontales en bois fixées sur de solides piquets, ou sur un cordeau bien tendu et attaché aux deux extrémités ; ainsi aéré, le linge sèche d'autant plus promptement que l'air est plus vif, et le ciel plus beau. Le linge, levé aussitôt sec, est détiré soigneusement, puis plié et mis en gros paquets, chaque espèce bien réunie séparément ; les paquets cousus isolément de distance en distance, sont prêts pour être ramenés à la maison [1].

---

1. La maîtresse ferait bien de conduire les enfants visiter un lavoir et donner sur place quelques explications.

Il reste à la ménagère le soin de l'étirer de nouveau, de repasser le linge fin, — chemises, mouchoirs, etc. — de plier suivant les dimensions désirées, de compter chaque espèce et s'assurer du même nombre, en se reportant à la note prise et conservée, enfin le placer en piles sur les rayons de l'armoire spéciale au linge, dont la ménagère conserve toujours la clef par devers elle.

Observation très importante. — Il faut éviter, — ce qui se fait trop souvent, — d'étendre le linge, surtout le fin, sur les haies et les bouchetures sèches ; sans doute il s'y sèche promptement, facilement ; mais, en le retirant, même avec précaution, on peut faire des déchirures, des accrocs.

Les étoffes de couleur *ne doivent point être lessivées dans le cuvier ;* l'action du *lessif* enlèverait la teinture ; pour les nettoyer, on se contente de les savonner, après les avoir fait tremper seulement dans du lessif froid. Il en est de même quand il y a lieu de blanchir des gilets et ceintures de flanelles.

Mobilier. — L'enseignement ménager doit comprendre encore les soins quotidiens à donner au mobilier des chambres de l'habitation : après avoir balayé une chambre, passé sous les meubles le plumeau, enlevé, avec soin et légèreté, la poussière partout, il faut, avec le torchon spécial, essuyer, brosser, frotter les meubles, en y mettant adresse et précaution, afin d'éviter de rayer leur surface cirée, ou vernissée. Ensuite, on passe légèrement un autre torchon sur le plancher, ou le carrelage de la chambre si les carreaux, en terre cuite, sont peints ou vernissés.

Le dallage ou le carrelage de la pièce, où se prépare la cuisine, doit être lavé très régulièrement.

Vêtements, Literie. — Les bonnes ménagères doivent, de temps en temps, prendre la peine de sortir et d'étendre dehors par un soleil vif, les vêtements enfermés dans l'armoire, les battre et brosser ; de même tous les objets de literie, afin de les aérer et enlever l'humidité.

L'air vif, le grand et beau soleil, la très forte chaleur tuent les microbes et rendront les habits et objets divers exposés plus sains.

Le meilleur, le plus utile enseignement ménager pratique pourrait, il nous semble, être donné par la maîtresse en se faisant aider, à tour de rôle, et ce, comme récompense, — par les élèves les plus attentionnées ; les enfants, à n'en point douter, suivraient ses conseils ; elles l'imiteraient avec fruit et grande satisfaction, en tout ce qu'elle indiquerait de faire dans son modeste intérieur.

———

Les chapitres précédents résument suffisamment ce qui paraît indispensable à toutes les élèves sans distinctions ; ceux qui suivent auront pour but de développer les connaissances plus spéciales à acquérir par les jeunes filles qui, à un titre quelconque, resteront attachées aux travaux d'une exploitation rurale petite, moyenne ou grande.

DEUXIÈME PARTIE

I

Basse-Cour

Les poules de nos fermes et des villages sont de races très diverses, souvent difficiles à discerner, depuis la petite poule noire commune dite « poule villageoise », très connue de tous, aux allures vives, allant loin des habitations pour picorer insectes, vers et grains tombés sur le sol durant la récolte, jusqu'aux poules plus grosses, plus larges, plus hautes, grandes et fortes variétés importées de ci, de là, et croisées, le plus souvent, sans méthode ; par suite, n'offrant souvent aucun caractère bien défini.

Les *poules communes* sont rustiques, assez bonnes pondeuses, mais ne fournissent que de petits œufs et peu de viande. On peut leur reprocher d'être d'assez médiocres couveuses, ce qu'expliquent leurs allures vives, promptes, leur goût vagabond ; mais elles possèdent une grande et appréciable qualité : elles se placent légèrement sur les œufs qu'on leur donne à couver ; elles écrasent rarement les poussins.

La race de *Houdan*, du nom de son berceau, près de Mantes (S.-et-O.), est très jolie, fort gracieuse avec sa belle et forte huppe sur la tête, son plumage caillouté blanc et noir, le corps large, les pattes fines et courtes ; très bonne pondeuse, donnant des œufs moyens, mais lourds ; elle pond de très bonne heure et est très précoce ;

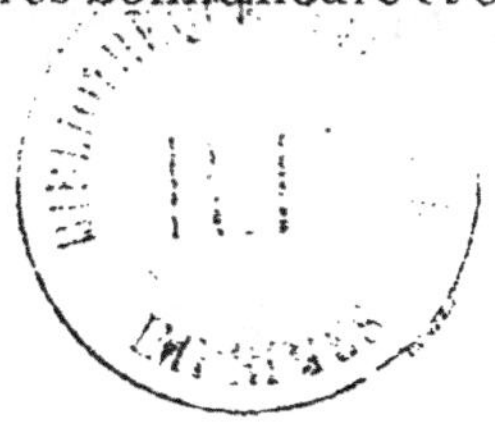

couveuse docile, sans grande ténacité toutefois, elle est bonne mère, bonne meneuse attentive. Douée d'une grande faculté d'engraissement, sa chair est fine et délicate ; sacrifiée et plumée, la Houdan perd beaucoup de son volume et de son poids. La race dite de *Crèvecœur* ou poule Normande jouit des mêmes qualités ; elle est très bonne pondeuse, couve bien ; elle s'engraisse facilement et fournit un bon rendement.

Les Cochinchinois ont une forte structure, avec des os gros couverts d'une chair abondante, mais beaucoup moins fine que celle des races précédentes. Ils réclament beaucoup et de bonne nourriture, ils sont coûteux à entretenir ; la femelle est très casanière ; bonne pondeuse, elle fournit des œufs gros et lourds ; elle est assez médiocre couveuse ; elle convient peu dans nos fermes.

Le croisement du Cochinchinois avec la race pure de Houdan a permis d'obtenir les poulets très estimés dits *Poulets de Faverolles*. Ce croisement est depuis longtemps répandu en Seine-et-Oise, en Eure-et-Loir, et, depuis quelques années, dans tout le Centre, notre circonscription notamment, la Sologne, etc. La Faverolle est de couleur « café au lait », elle a une jolie tête fine, bien gorgée, deux barbillons ou favoris en collerettes, le corps large, bien fait ; ses pattes sont fines et courtes avec cinq doigts, signe distinctif de la pureté de race. Elle est assez bonne pondeuse et très précoce ; ses œufs sont moyens, généralement lourds, de couleur blanchejaunâtre. L'un de ses mérites est celui d'être très douce, par suite bonne couveuse, bonne mère, ne quittant jamais ses poussins, même devenus grands, les promène et les suit avec une sollicitude toute maternelle. Elle ne s'éloigne d'ailleurs que très rarement de l'enclos attenant aux habitations, surtout quand elle y trouve un taillis ou des ombrages fournissant des fourmis, des insectes, des vers, à ses petits.

Les Faverolles ont une grande aptitude à l'engraissement facile et prompt ; leur rendement est des meilleurs au poids mort et leur viande est blanche et fine, comme celle des Houdan. C'est, sans conteste, une race à recommander sous tous les rapports.

Certains éleveurs, en croisant la poule de Houdan avec un coq *Dorking,* ont obtenu la Faverolle dont les qualités sont les mêmes que celles du premier croisement avec le « Cochinchinois »; la couleur du plumage de cette Faverolle est un peu plus foncée, notamment au poitrail, aux barbillons et au-dessous de la tête et du cou; le camail ou manteau sur les épaules est, comme chez les Dorkings, plus fourni de plumes, plus accentué et plus foncé.

Les premières Faverolles obtenues avec le Cochinchinois semblent devoir être préférées; leur bon résultat a fait ses preuves dans nos exploitations.

Race de *La Flèche* : elle aussi est belle et bonne; coqs et poules sont hauts et forts, vigoureux, fiers, très lourds et, certes, très jolis; doués d'une admirable prestance, avec leur plumage d'un très beau noir luisant, la tête est ornée d'une large et belle cravate, d'une crête rouge, et de deux barbillons d'une blancheur d'ivoire, qui se détachent au-dessous. Cette race est d'un bon rendement, en chair moins fine toutefois que celle des Faverolles. La Fléchoise existe peu dans notre région ; quelques essais, bien que très sérieusement tentés, n'ont pas été heureux.

Enfin, citons les poules de *Bresse,* qui se trouvent dans l'Ain et en Saône-et-Loire, arrondissement de Louhans; c'est une forte race à plumage gris-jaunâtre ; mais il existe une très bonne variété de Bresses coq et poule, tout à fait noire, à barbillons blancs. Elle a les os très petits et, de ce fait, elle est très charnue. Très douces, les poules bressoises sont très bonnes pondeuses, bonnes couveuses, et peu sédentaires dans les cours et alentours des bâtiments de la ferme et jardins contigus; de ce fait, elles sont assez disposées à aller çà et là dans les champs ayant porté des récoltes y rechercher et profiter des grains répandus par le coup de la faulx, le râtelage, le liage et l'enlèvement des gerbes; inutile alors de les nourrir à la cour et dépenser davantage pour leur entrelien; c'est une bonne race à recommander, bien qu'elle fournisse moins de poids en viande nette que la Faverolle.

Rappelez-vous toujours qu'à n'importe quelle race elles appartiennent, les poules sont d'autant meilleures et sûres pondeuses, les œufs obtenus plus gros, plus lourds, qu'elles sont plus convenablement nourries; de même leur coq restera plus beau, plus vigoureux, plus fier, et les œufs meilleurs pour produire de beaux poussins. Enfin, il est essentiel pour obtenir des œufs en automne et surtout en hiver de donner de bons grains, chaque jour régulièrement : avoine, orge, blé noir, criblures de froment, exempts des mauvaises graines. Sans doute, les volailles les trieraient elles-mêmes, mais mélangées à la ration destinée à les nourrir, la ménagère ne peut pas se rendre exactement compte de ce qu'elle donne.

Il est d'une pratique excellente de varier la nourriture; aux grains, il sera très utile d'ajouter, au moins à l'un des repas quotidiens, une pâtée formée de son et de recoupe mouillés et bien *boulangés* ensemble, avant de la placer dans les augettes. Les ménagères intelligentes ne manquent jamais d'ajouter dans la pâtée cinq à six cuillerées à bouche de vin rouge par **dix** poules; cette pâtée, excitante et fortifiante, rendra la crête des poules plus rouge, signe de vigueur; elle incitera à la ponte plus régulière, plus abondante, à cette époque de l'année où les œufs frais sont rares et chers; la ménagère sera, soyez-en assurées, largement récompensée de ses soins et de sa dépense.

La vraie ménagère ne saurait prendre trop d'attention à se rendre un compte sérieux de la balance entre les résultats obtenus par la valeur des œufs vendus ou consommés, les ventes de poulets portés au marché, et, d'autre part, la dépense effectuée par le bon entretien de sa basse-cour. Aussi, faut-il écrire *exactement* sur un carnet spécial; c'est le vrai, le seul moyen pour la ména-

gère de savoir ce qu'elle a fait et ce à quoi elle est par-
venue par ses soins entendus et assidus.

Il faut bien veiller à ne point perdre les œufs pondus,
soit au poulailler, soit ailleurs que dans les nids, au
dehors, dans les écuries, les bergeries et étables.

La poule aime souvent se cacher çà et là pour pondre;
son instinct maternel l'y pousse naturellement; aussi,
doit-on les surveiller, les suivre dès qu'elles chantent,
et arriver à découvrir la cachette.

Vous savez déjà que la poule qui va commencer à
pondre a la crête plus rouge et que, dès qu'elle a pondu,
elle chante en signe de satisfaction; il faut lever les œufs
chaque jour très régulièrement et laisser, dans le nid,
un œuf qui a pour but d'inciter la poule à revenir pondre
de nouveau au même endroit. Les œufs récoltés chaque
jour doivent être emportés doucement et bien rangés
dans une boîte close à divers compartiments; la ménagère place cette boîte dans une chambre *saine*; les œufs
s'y conserveront mieux; et il sera plus facile, dans ces
conditions, de reconnaître les œufs qui ont été pondus
le plus récemment, les plus frais, ce qui est très important pour mettre à couver ces derniers de préférence aux
anciens; la couvaison des œufs frais réussit toujours
mieux.

Les produits d'une basse-cour bien soignée, bien tenue,
ne sont point à dédaigner, tant s'en faut; et laissez-moi
vous apprendre ce que disait un vieux praticien berri-
chon, **Jacques Bonhomme** : *Les produits nets réunis
d'une basse-cour bien conduite peuvent payer la ferme.*

Que dirait-il, aujourd'hui, maintenant que les belles
volailles se vendent si cher !

Aussi bien, croyez-le, la basse-cour réclame-t-elle
toute l'attention de la ménagère.

**Incubation naturelle. — Elevage des divers oi-
seaux de basse-cour. —** Les Poussins, les jeunes
Poulets. — Apprenons à faire venir, à élever méthodi-
quement les poulets. Quand la poule a terminé sa ponte,

elle glousse, elle garde le nid quelques jours, mais sans donner d'œufs; on doit la laisser seule bien tranquille durant deux ou trois jours, afin d'acquérir la certitude qu'elle veut réellement couver; dans ce cas, la ménagère prépare un nid de paille blanche *bien plat, sur le sol même*; elle prend la poule doucement, délicatement, et elle la met sur le nid, l'y laisse et revient quelque temps après la surveiller et placer sous elle les œufs à couver. L'humidité du sol est favorable à l'incubation et non moins ensuite à l'éclosion. On met sous la poule douze ou quatorze œufs; le nombre doit dépendre de la grosseur des œufs, d'une part, et aussi, d'autre part, de la grosseur de la poule surtout, car il ne faut donner à couver que le nombre d'œufs qu'elle pourra bien réchauffer également.

Si les œufs sont bons, ils produiront des poussins au bout de 21 ou 22 jours.

Durant cette période de temps, il y a lieu, chaque matin, de lever la couveuse, la laisser se promener, s'ébattre, et de lui donner, en même temps, près de son nid, du grain à manger, ou mieux encore une pâtée de son et de pain détrempé, dans laquelle il est utile et très bon d'ajouter des feuilles hachées de laitue, de chicorée ou autres salades, afin de rafraîchir la poule souvent très échauffée par l'incubation.

Son repas et sa récréation terminés à son gré, la couveuse retourne d'elle-même sur les œufs, se replace dessus délicatement avec de grandes précautions, et en prenant le soin de retourner elle-même et replacer autrement qu'ils l'étaient, les œufs que, sans doute, son instinct lui indique comme devant être rangés dans un sens différent sur le nid ; peut-être dans le but de leur fournir une chaleur plus uniforme.

Vers le cinquième ou sixième jour après celui de la mise à couver, la ménagère doit s'assurer que les œufs sont capables de produire ; pour cela, il lui faut les **mirer**. Rien de plus simple, de plus facile; point n'est besoin d'acheter un appareil spécial, compliqué, fragile ou coûteux.

La maîtresse appellera l'attention de ses élèves, leur montrera en fournissant et en répétant les explications, l'appareil simple qu'elle aura elle-même préparé en suivant les indications ci-après :

Vous avez sûrement remarqué que la femme de ferme pour s'assurer, plus ou moins, de la qualité des œufs qu'elle a l'intention d'employer ou de porter au marché, les regarde au soleil ; elle cherche à reconnaître, au travers de la coquille, leur état intérieur. Ce mode d'opérer ne donne, le plus souvent, qu'une *quasi* certitude ; il ne peut d'ailleurs aboutir sérieusement si le ciel est sombre, si la vive lumière solaire est modifiée, amoindrie par les nuages. Et pourtant il est utile de mirer, en temps opportun, les œufs mis à couver.

La ménagère y parviendra sans peine et par tous les temps, en s'y prenant ainsi qu'il va être indiqué [1] : se procurer (chose facile) une boîte cylindrique en métal mince, de 12 à 15 centim. de hauteur environ et de sept à huit centimètres de diamètre, comme celles dans lesquelles sont contenues des conserves de petits pois ronds ou autres ; on ôte le couvercle, on le retourne à plat sur une planchette, ou un billot quelconque, et, avec un ciseau, on enlève dans le milieu du fond, ce qu'il faut pour obtenir une ouverture allongée (*elliptique*) comme la forme d'un œuf ; c'est facile à faire ; on frappe ensuite légèrement pour bien redresser ce couvercle, qu'on replace, ainsi percé, sur la boite et tel qu'il y était auparavant ; puis, on perce le cylindre formant la boîte, à environ la moitié de sa hauteur, de deux trous ou ouvertures, *situés bien en face l'un de l'autre* ; ces ouvertures rondes doivent être d'un diamètre un peu plus grand que celui du calibre en cuivre servant à fixer

---

(1) Madame l'Institutrice ferait bien, après avoir fabriqué elle-même une mireuse, de la montrer à ses élèves et de leur apprendre à s'en servir. Cet exercice, ou leçon de choses, vaudrait plus que toutes les explications.

le verre, ou cheminée, de la lampe avec laquelle la ménagère s'éclaire le soir.

Voici la *mireuse* fabriquée ; elle est simple et peu coûteuse. Il faut, maintenant, s'en servir. Rien n'est plus facile : La ménagère allume sa lampe, dont elle abaisse légèrement la mèche enflammée ; elle place le verre ; enfile la boîte par les deux ouvertures latérales, et la descend jusque sur la galerie de cuivre qui se trouve au bas du calibre ou porte-verre ; la boîte, appuyée ainsi sur la galerie, présente avec le verre de lampe les bras d'une croix, dont la tige verticale est la lampe et son verre. Pour mirer, la ménagère fait tenir *bien droit*, par une aide, l'appareil ainsi monté ; elle élève un peu la mèche, afin d'obtenir plus de lumière et de mieux éclairer l'intérieur des œufs à mirer. Elle va alors enlever *très doucement* une partie des œufs qui sont sous la poule, sans la déranger ; puis, prenant successivement chacun d'eux entre le pouce et l'index, les présente un à un, devant l'ouverture ovale du couvercle de la boîte. Les œufs, qui reçoivent les rayons lumineux de la lampe, dont l'intensité est augmentée encore par le fond et le pourtour du manchon en métal poli, sont ainsi très éclairés ; la ménagère peut donc, sans difficulté, reconnaître la qualité de chacun d'eux par ce qu'elle remarque dans leur intérieur.

Les œufs, qui présentent intérieurement des filaments sanguins, sont **les bons** ; ils pourront vraisemblablement donner naissance à un poussin ; elle les pose délicatement, au fur et à mesure, dans un petit panier ; et les œufs qui n'ont présenté *aucun* fil sanguinolent sont mis de côté, comme inféconds [1].

La ménagère reporte **de suite** les bons sous la poule couveuse, et, avant de les lui remettre sous elle, elle retire en même temps ceux qui, restés, n'ont pas été mirés ; ce faisant ainsi elle dérangera moins la cou-

---

(1) Faire l'expérience et la développer aux jeunes élèves, à la classe d'abord, et, si possible, ensuite dans une ferme.

veuse ; et ne commettra pas d'erreur ; elle répète la même opération pour ceux-ci ; le mirage de la couvée est effectué.

Disons enfin que le mieux pour ne point déranger la couveuse, c'est de profiter si possible, pour mirer, des instants durant lesquels la couveuse levée mange, boit et s'ébat.

Les œufs mis de côté comme inféconds ne sont point perdus ; la ménagère les emporte ; ils peuvent parfaitement être utilisés, ou à faire une omelette pour le repas ou à mettre durcir, puis écaillés, hachés-menus, jaune et blanc et mélangés dans la fine pâtée des jeunes poulets obtenus antérieurement. Ces œufs sont excellents ; ils les mangeront avec avidité et profit.

Donc, aucune perte réelle ; quelques poussins de moins seulement.

Vers le vingt-et-unième ou vingt-deuxième jour de l'incubation, au plus tard, les poussins *parlent* dans la coquille ; l'oreille fine et exercée de la ménagère les entend ; ils brisent eux-mêmes la coquille et ils en sortent. Quand les poussins ne sortent pas aisément, il faut attendre patiemment, casser avec grande précaution et par minimes fragments, la coquille, *mais et surtout ne jamais* arracher le poussin plus ou moins collé, adhérent ou attaché dans sa coquille ; il serait sûrement perdu. Il faut prendre un peu d'eau tiède et essayer, en mouillant très légèrement, de lui faciliter la sortie. Beaucoup de patience, de douceur, suffisent souvent.

On doit avoir grand soin d'enlever, de dessous la mère, les débris de coquilles qui gêneraient et blesseraient les poussins éclos. Au fur et à mesure de l'éclosion, dès qu'il y a un tiers ou la moitié des poussins venus à bien, la ménagère les prend doucement sous la poule, et les place dans un panier contenant du duvet ou de la plume très fine ; les emporte dans une chambre dont la température soit douce ; si la saison est rigoureuse, comme il arrive quelque fois lors des premières couvées, on couvre *légèrement* les poussins avec un vieux lainage très léger ; ne jamais placer trop près du foyer le panier contenant les poussins.

Quand les poussins sont tous éclos et sortis de la coquille, on rapporte ceux qui avaient été enlevés, et la ménagère les confie aux tendres soucis de leur mère; il y a lieu, maintenant, de leur prodiguer l'attention et les soins indispensables, réclamés par leur âge et leur fragilité.

Il est très bien, quand les poussins sont tranquilles sous la mère, où ils se sèchent, de ne les point déranger ; ils n'ont besoin de quoi que ce soit; et d'attendre, au lendemain, pour leur donner à manger. La meilleure nourriture consiste en de *très fines* miettes de pain rassis, préalablement tamisées au moyen d'une passoire.

La ménagère sème les miettes devant la poule, voire même quelque peu sur le corps des poussins; la poule les apprend aussitôt, à manger, à piquer ces miettes. Il faut en donner *très peu*, et renouveler toutes les deux heures environ. Pour les faire boire, présenter un peu de lait frais, mélangé à autant d'eau.

Dès le surlendemain de l'éclosion, le mieux, pour réussir et éviter les accidents, est de renfermer la mère dans une caisse en bois, légère, très propre, rectangulaire, et assez haute pour que la poule y soit à l'aise quand elle reste debout; cette caisse, fermée sur cinq de ses faces, reste ouverte par devant, afin de permettre de la tenir close, à volonté; la sixième face de la caisse, — le devant — se ferme tout simplement au moyen d'un cadre de lattes légères, en sapin, sur lequel on a cloué un grillage métallique à mailles petites; ce cadre grillagé forme la porte mobile, sans aucune ferrure; on le place devant la caisse, en le surélevant, à gauche et à droite sur une ou deux briques mises à plat, ce qui laisse en dessous, un espace vide. Ainsi dressé perpendiculairement contre le devant de la caisse, le grillage est retenu par deux petits crochets, ou deux pitons avec ficelles dans le haut, et une pierre, d'une grosseur suffisante, le maintient dans le bas [1].

La poule-mère introduite y sera en cage; et par le vide restant entre le grillage surélevé et le sol, les poussins sortiront, rentreront, iront, viendront à volonté; ils se mettront, quand il leur plaira, à côté de la mère, ou sous ses ailes. On devra ne point négliger de donner à manger, à boire à la mère dans sa cage, mais, cela *seulement*, quand les poussins venus dehors de la boîte à élevage seront eux-même à prendre *seuls* leur repas. Ils ne devront donc pas pouvoir rentrer avec la mère, pendant qu'elle mange; une petite planchette mobile suffit pour obstruer momentanément leur passage. Tous les restes du repas de la poule seront ensuite soigneusement enlevés, et portés ailleurs. Ces minutieuses précautions sont l'affaire de quelques jours seulement. Après 5 ou 6 jours, la ménagère mélangera, aux miettes de pain, quelque peu de graines de millet des oiseaux, dont les poussins sont très friands; elle pourra leur laisser en permanence, dans une soucoupe la boisson de lait et eau, en maintenant, au fond, une pierre bien propre; cette pierre, par son poids, empêche les poussins de renverser leur breuvage sur le sol. Peu à peu, il convient d'augmenter la ration.

Dès que les poussins ont une dizaine de jours, il y a lieu, surtout si le temps est beau et doux, — car la pluie, et le soleil trop brûlant, ne conviennent pas aux poussins, — de les sortir, et de leur faire faire une très courte promenade; la ménagère les sort avec la mère; mais elle ne devra point les abandonner; il faut les garder, les veiller de très près ; à défaut d'une surveillance étroite, la mère-poule heureuse de courir, entraînerait, vite et un peu trop loin, sa couvée; les poussins s'échaufferaient, se fatigueraient, et, après pareille escapade, beaucoup d'entre eux, encore trop faibles, pourraient succomber.

---

(1) On peut avoir une caisse et montrer aux enfants la disposition à lui donner.

A partir de cet âge, 12 à 15 jours, l'ordinaire des repas doit être modifié, et aussi donné un peu plus copieusement. Les jeunes poulets peuvent avoir alors un peu de brisures de riz (riz à poulets), un peu de grains cassés, des criblures *bien exemptes* de mauvaises graines; leur donner aussi de la pâtée que leur fera la ménagère en mélangeant de la farine *blutée* d'orge, avec un tiers environ de son écailleux de froment. Le son est rafraîchissant; il facilite la bonne formation et le développement de la charpente osseuse, car l'écorce du blé contient beaucoup de phosphate de chaux; joindre à la pâtée un peu d'œuf durci, jaune et blanc, finement haché.

Cette pâtée doit être donnée sur des billots en bois, de 12 à 16 centimètres de haut, très faciles à obtenir tout bonnement et simplement en faisant scier une bûche ronde assez grosse. Les poussins piqueront la pâtée sur ces billots; ils mangeront plus commodément, plus proprement que dans des augettes plates, au milieu desquelles ils piétinent, et salissent toujours leur nourriture.

Augmenter encore et progressivement ce qu'on leur donne, car les jeunes poulets deviennent d'autant *plus beaux*, et *plus vite*, qu'ils ont été *très bien* nourris dans le jeune âge.

Renouveler fréquemment la boisson d'eau mélangée de lait, qu'elle soit bien fraîche et très propre; et veiller à ce que pâtée et breuvage ne soient jamais aigris; il vaut mieux, et toujours, enlever les restes et les remplacer.

Pas de réussite certaine de basse-cour sans laitage; le lait, l'œuf dur haché fournissent la nourriture animalisée, sans laquelle les jeunes volailles ne viennent pas bien. Les poulets jeunes ainsi soignés ont un plumage fourni, vif, lustré, signe de vigueur et de santé.

Enfin, sachez que toutes les volailles jeunes se trouveront fort bien de l'addition, dans leur breuvage, d'une décoction légère de camomille; ce n'est ni difficile, ni coûteux, car les fleurs de camomille peuvent être bouillies plusieurs fois.

La décoction obtenue, en faisant bouillir une bonne pincée de ces fleurs, exerce une heureuse influence sur la santé des tout jeunes poulets; et quand des adultes sont indisposés, *jabotés*, ils se trouvent vite mieux si on leur administre 2 ou 3 cuillerées de cette tisane.

Aussitôt le premier âge passé, les jeunes poulets courent et se mêlent à leurs congénères dans la cour de ferme, dans les champs voisins, où ils trouvent des insectes, vers, mouches, fourmis, etc.; la nourriture animale leur est très nécessaire; la ménagère ne doit cependant point les négliger dès qu'ils rentrent; il leur faut donner, en variant, pâtée, grain, criblures très propres des récoltes; donner aussi du riz cassé, ou riz à poulets. Varier la nourriture afin d'exciter leur appétit, leur gourmandise, et veiller à ce qu'ils aient en permanence de l'eau propre à boire.

L'eau sale des mares nuit beaucoup à la santé, à la croissance des jeunes poulets.

Les volailles, de toutes espèces, se développeront d'autant plus qu'elles auront été mieux et très régulièrement nourries; et quand on veut vendre, les poulets notamment, ils sont vite et économiquement préparés, lourds, et ils ont la chair beaucoup plus blanche.

Enfin, les poulaillers doivent être divisés et différents suivant les espèces, et aussi l'âge des sujets qui les habitent. Il est non moins important de tenir la demeure des volailles **très propre,** le sol balayé fréquemment; il réclame, en outre, l'arrosage à l'eau *crésylée* ou *lysolée* chaque semaine *au moins une fois,* même *plus souvent* durant les fortes chaleurs, afin d'éviter les épizooties qui dépeuplent les basses-cours mal tenues.

Le fumier des volailles est très riche; il convient très bien sous tous rapports aux cultures du jardin.

La Dinde. — Tout ce qui a été précédemment indiqué sur l'élevage des poulets, peut s'appliquer à celui des dindons. La dinde cherche plus que la poule à cacher son nid, elle va pondre au loin, dans les buissons épais, touffus, en se glissant au milieu des épines; elle revient, le plus souvent, le soir, tard; il faut alors la surveiller attentivement dès qu'on s'est aperçu des absences répétées et prolongées, la suivre, et ensuite, ne point négliger, d'aller tous les soirs, chercher l'œuf qui pourrait être détruit par un chien vagabond, ou par d'autres animaux.

La mère dinde est très douce, elle couve très bien et avec assiduité ; la période d'incubation, plus longue que celle des œufs de la poule, est de 28 à 30 jours.

Souvent les ménagères font couver des œufs de poule par une dinde afin d'obtenir une plus forte couvée; cette manière d'agir n'est pas très prudente, car la dinde est lourde; elle se déplace du nid et elle s'y replace péniblement ; et, comme les œufs de poule ont la coquille beaucoup moins forte et solide que celle des œufs de la dinde, elle peut les écraser, surtout vers les derniers jours de la période d'incubation, à la veille de l'éclosion. C'est une perte, il faut l'éviter.

Le mieux est de donner à la dinde des œufs de son espèce et, dès que les petits dindons obtenus peuvent sortir, on confie à la mère 2 ou 3 couvées de poussins, déjà eux-mêmes assez robustes, que la mère dinde adoptera, affectionnera promptement et conduira avec ses dindonneaux. Elle les amènera à bien, tant la dinde, par nature, est bonne *meneuse*.

Les jeunes dindons sont beaucoup plus délicats, plus difficiles à élever que les poulets ; lorsqu'ils subissent, entre le premier et le second âge, la crise du rouge, c'est-à-dire la poussée de leur *crête* et *gorgette*, qu'on nomme caroncule pour les dindes mâles, ils sont à ce moment souvent très malades; il faut avoir le plus grand soin d'éviter qu'ils se mouillent, qu'ils se fatiguent et leur donner des fortifiants : vin rouge aromatique, quinquina pulvérisé, poudre *corroborante*, dans la pâtée à laquelle on doit mêler des herbages hachés très menus : thym, fenouil, absinthe et aussi beaucoup d'orties ; mais surtout *pas* de feuilles de *laitues* ou autres salades. Après la crise du « rouge » ils sont robustes.

Les Pintades sont beaucoup moins délicates à élever que les dindonneaux ; bien soignées, elles réussissent presque toujours. Comme la dinde, la pintade va pondre souvent très loin, cachant encore plus sérieusement son nid ; aussi, souvent la ménagère croit-elle une pintade perdue, dévorée ; elle ne la revoit plus et ne compte plus la revoir, quand, un beau matin, elle l'aperçoit lui ramenant derrière elle de nombreux pintadeaux déjà gros. Comme les dindons, les *pintadeaux* éprouvent une crise en mettant « le rouge », mais elle est très bénigne et ne les fait mourir que très rarement. Les pintadeaux, toutefois, lors de cette crise, craignent, ainsi que les dindons dans leur jeune âge, l'humidité et surtout les ondées orageuses.

Les Canards. — Les exploitations agricoles situées aux bords des rivières obtiennent de sérieux et précoces produits par l'élevage des canards.

On fait rarement couver *la cane ;* elle couverait d'ailleurs assez mal. Les ménagéres confient ce soin à une poule. La poule amène à bien les *canetons*, les soigne, les appelle avec une tendresse toute maternelle, poussant son affection pour eux jusqu'à se jeter à l'eau afin de leur porter secours, tant elle est malheureuse et inquiète de voir sa couvée courir, à peine née, se précipiter dans la mare voisine ou dans la rivière.

Pour élever facilement, et avec profit, les canards, il faut avoir à sa disposition, à proximité de la ferme, une belle eau courante, vive ; les canetons deviennent gros, bons à vendre très promptement ; robustes, ils ont besoin d'une nourriture abondante, fût-elle peu délicate, car ils mangent facilement de tout.

Les Oies. — Les oies, dont le mâle a nom **jars**, sont de gros oiseaux de basses-cours, à doigts palmés comme les canards ; elles donnent de beaux profits, tant par les jeunes oisons qui se vendent de bonne heure, au printemps, que par les troupeaux d'adultes qui sont conservés jusqu'en août. Les oisons sont vendus quelques semaines après leur naissance et n'ayant pas encore de plumes ; ils sont achetés par des cultivateurs qui les gardent quelques mois. Bien soignées les oies grossissent à peu de frais, surtout quand elles ont des herbages et de l'eau ; elles sont alors revendues adultes pour être d'abord plumées vives et fournir le duvet fin qu'elles ont sous les ailes, duvet qui se vend cher. Les oies sont ensuite bien soignées et préparées pour l'engraissement.

Pour se livrer avec avantage à l'élevage des oies, il est indispensable d'avoir, à sa disposition, de vastes espaces herbus, car l'oie aime beaucoup à brouter, et aussi de bonnes mares profondes ; mieux encore, des ruisseaux d'eau vive, claire, sont indispensables : ils permettent aux oies d'aller s'ébattre et s'y laver à l'aise, ce qui leur est utile et très salutaire.

Vente en gros des Oies et des Dindes

Les oisons de quelques mois sont achetés par lots sur les foires spéciales qui se tiennent dans les contrées d'élevage de la région ; ces oies sont emmenées dans les grandes ou moyennes exploitations rurales bien situées pour ce genre d'industrie agricole ; là, on les promène dans les champs dépouillés de leurs récoltes fourragères ou céréales ; elles y vivent, grandissent, s'y développent sans frais de nourriture, puis elles sont finement engraissées et vendues en décembre à des expéditeurs et marchands de volailles qui les envoient sur les halles de Paris, après les avoir sacrifiées et plumées.

Les ménagères qui vendent, à l'avent de Noël, de forts lots de bons dindons gras, les ont très rarement élevés elles-mêmes ; elles les achètent, venus à l'âge de 4 à 5 semaines, à de bonnes femmes de petites locatures, soit chez elles, soit sur les marchés ; l'acheteur forme ainsi un lot de cinquante, soixante et plus ; une petite fille ou un tout jeune garçon les promène, avec une longue gaule légère en main, dans les chaumes des récoltes de grains ; devenus forts et gros, les dindons, préalablement préparés puis engraissés, sont vendus vifs vers le 15 décembre pour Paris, où ils sont expédiés après avoir été sacrifiés et plumés.

Notre région envoie beaucoup de dindes en Angleterre ; sur les marchés de Londres, les plus gros coqs-dindes, surtout quand leur chair est blanche, sont recherchés et vendus très cher.

Incubation artificielle. — Quelques lignes seulement sur l'incubation artificielle et l'élevage des poussins dans l'*éleveuse* ou *hydromère*. Ce mode d'incubation et d'élevage semble sortir du cadre des notions élémentaires de l'enseignement ménager dans les écoles rurales, et, d'autre part, les fermes de nos exploitations agricoles n'offrent ni les locaux, ni les agencements indispensables pour la réussite de l'incubation artificielle qui, tout en présentant de sérieux avantages de production, réclame des soins minutieux, beaucoup de temps, etc. ; et nos laborieuses fermières ont déjà tant à faire !

Apprenez et retenez seulement que l'aviculture nomme *incubation artificielle* l'art de faire éclore des œufs dans un appareil appelé *couveuse*.

C'est une boîte élevée ou coffre ayant, dans le bas, un tiroir où se rangent les œufs à couver ; dans la partie supérieure, au-dessus de la couche d'œufs, se trouve une bouillotte de la dimension intérieure du coffre ; cette bouillotte se remplit d'eau par un tube recourbé en plomb et se vide de l'autre côté par un robinet qui s'ouvre et se ferme à volonté.

Les œufs ayant été rangés, pour les réchauffer, on remplit « la bassinoire » d'eau ayant la température de 70 à 75 degrés centigrades ; cette eau a pour but d'amener, et de maintenir les œufs à une chaleur *moyenne et uniforme* de *quarante degrés*. Le thermomètre placé dans le tiroir aux œufs, et dessus, indique si la température intérieure est bien celle indispensable.

Chaque matin, et, parfois, le soir, suivant la température extérieure, on enlève, au moyen du robinet une partie de l'eau refroidie, et on la remplace par de la plus chaude pour regagner la baisse de température, et la remonter à 40°. L'expérience a vite fait d'éviter les tâtonnements, d'autant que la température, *très* légérement en plus ou en moins, ne ferait pas, le plus souvent, un sérieux empêchement à la réussite de l'incubation.

Toutefois, il faut se rappeler que l'eau ajoutée devra être de moins en moins chaude, au fur et à mesure que les œufs se rapprochent de l'éclosion; dans cette dernière période de l'incubation, en effet, les poussins formés, vivants, dans la coquille, y développent une certaine quantité de chaleur, qui maintient la température de la bouillotte, par suite de tout l'appareil, ainsi d'ailleurs que l'accuse le thermomètre.

L'incubation artificielle réussit fort bien; elle fournit un plus grand nombre de poussins au regard des nombres d'œufs mis à couver sous une poule, et dans une couveuse, avec ce mode de production aucun écrasement d'œufs à redouter, etc.; enfin, ce procédé permettant d'obtenir un plus grand nombre de poussins en même temps, rend libres, disponibles, beaucoup de poules, qui, n'ayant pas à couver, — ce qui les fatigue énormément, — se remettent à pondre, en les nourrissant bien.

Éleveuse. — Les poussins venus, il faut les élever. Deux manières de faire : on peut les confier à une poule-mère qui a déjà des petits du même âge ou à peu près; le plus souvent, elle les adopte sans trop de difficultés.

Ou, deuxième moyen, on enferme les poussins dans une *Eleveuse* ou *Hydromère* sorte de caisse ayant dans le haut une bouillotte à eau chaude comme celle de la couveuse, et destinée à réchauffer l'intérieur, surtout jusqu'à ce que les poussins aient quelque plume; on place cette éleveuse, ou dans une pièce à température douce s'il fait froid, ou dehors, s'il fait beau, et on l'entoure de grillages comme ceux qui servent de garde-feu. Les poussins vont, viennent, sortent, rentrent; on les soigne comme il a été dit pour l'élevage et la nourriture des poussins venus par les poules-mères.

Le poulailler. — En suivant bien les indications et les conseils précédemment exposés, et que les jeunes écolières futures ménagères ont appris, elles pourront, sans difficulté, les mettre en pratique, et obtenir de sérieux bénéfices avec les divers produits de la basse-cour; ces bénéfices et ces résultats seront d'autant mieux assurés et certains que le poulailler et le couvoir ne laisseront rien à désirer.

Le poulailler doit être très clos; le plafond sera formé de briques jointes, ou tout au moins de planches bien dressées, et solidement clouées sur le solivage; les murs ne devront présenter aucun trou par où, durant la nuit, entreraient des rats, et autres rongeurs. La ménagère doit veiller à ce qu'il soit entretenu dans un état de propreté irréprochable, balayé souvent, et les murs, deux fois l'an, badigeonnés au lait de chaux et ensuite avec de l'eau *crésylée* ou *lysolée*. Ces précautions simples éviteront les maladies des volailles, le choléra des poules, qui déciment les basses-cours mal tenues.

Le juchoir, sur lequel perchent les poulets, peut être établi de diverses façons; toutefois le meilleur consiste en liteaux de bois blanc ayant quatre centimètres de largeur, et quatre d'épaisseur, cloués sur des pieux en chêne scellés dans le sol, et distants entre eux de 1 m. 10 à 1 m. 20 environ, suivant la longueur des liteaux, pour éviter la perte de bois. On peut faire deux rangs de perchoirs; on relie ces deux rangs par trois traverses, une à chaque extrémité, la troisième au milieu. Les pieux supports des liteaux ont été fixés de façon à ce que tous présentent une même hauteur égale à quarante centimètres du sol.

Sous ce perchoir, sera étalé un lit de paille longue de blé ou de seigle mise *bien à plat*, de telle sorte que la

fiente produite puisse être enlevée, tous les douze ou
quinze jours, facilement, en même temps que la paille;
le curage du poulailler s'effectuera ainsi plus promptement et plus complètement; et on obtiendra une plus
grande quantité d'excellent fumier, qui sera, de suite,
conduit, à la brouette, sur le tas des autres fumiers de
la ferme, répandu, écarté, et mélangé avec eux.

Le fumier des volailles ou *poulette* est un des plus
riches engrais connus.

Le poulailler devra contenir un ou plusieurs — suivant son importance, — vases plats en fonte émaillée,
ou en terre cuite, dans lesquels, chaque jour, on versera
de l'eau fraîche, pour assurer aux volailles de la boisson
propre, et à volonté.

Enfin, il faut réserver dans le poulailler, sur deux ou
trois coins libres, soit des excavations peu profondes du
sol (dix centimètres environ), soit des boîtes, dans lesquelles, on entretient, en ajoutant de temps en temps,
des cendres *refroidies* du foyer, ou du four, mélangées
avec quelque peu de soufre en poudre; les poules iront
s'y poudrer; c'est là leur bain, dit *bain sec* dans lequel
elles sont aises de se nettoyer, de chasser la vermine
qui, sans cela, les rongerait. Elles se tiennent volontiers
propres; leur bonne santé, leur croissance en dépendent.

Les *pondoirs* sont établis, fixés, le long de l'un des
murs du poulailler, garnis de paille fine bien propre;
et, ils doivent être d'un accès facile pour les poules,
comme aussi pour la ménagère qui, chaque soir, lève
les œufs.

Le *couvoir*, endroit où la fermière met, en place, les
poules-couveuses, doit être, comme le poulailler, tenu
très proprement. Il importe beaucoup à la réussite de
consacrer un local spécial; chaque couveuse doit être
bien séparée des voisines, et devant chacune d'elles, un
obturateur en planchettes minces doit les isoler, et,
sans les tenir enfermées, leur assure une plus parfaite
tranquillité absolument indispensable à l'incubation.

Souvent il arrive que, même là où le couvoir est tenu très propre, des punaises écloses dans les fentes des murs ou dans les poteaux du briquetage, tourmentent les couveuses, les faisant se remuer, maigrir, quelquefois même renoncer à leurs œufs en pleine incubation ; il convient dès qu'on éprouve quelque crainte, de saupoudrer les nids, ne fût-ce que par mesure préventive, avec de la poudre de **Pyrèthre**, ou poudre à punaises, qu'on trouve chez les droguistes et chez la plupart des épiciers.

On peut saupoudrer non seulement le nid des poules, mais aussi leur corps, sans crainte d'accident ; les ménagères s'en servent pour débarrasser les bois de lits de cette vermine.

La poudre insecticide dite Pyrèthre a été obtenue en faisant sécher les tiges et les fleurs de la plante de ce nom ; broyées finement et tamisées, sa poussière amère chasse et tue la vermine. Le pyrèthre est un chrysanthème, telles la camomille, la grosse pâquerette si commune dans nos bonnes prairies saines ; aussi, à défaut de la poudre insecticide, peut-on, en attendant, mettre sous les poules couveuses des tigelles et fleurs desséchées de grandes marguerites. Les piqueurs, les vieux gardes-chasse s'en servent, dès longtemps, pour mettre dans les chenils et dans les niches, afin de débarrasser leurs chiens des puces et autres insectes qui les dévorent. Sachez toutefois que la poudre du pyrèthre est plus énergique, plus sûre, contre les punaises et autres vermines, qu'elle empoisonne.

Les poulaillers où l'on fait coucher les canards, les oies, n'ont pas besoin d'être garnis de « juchoirs ». Ces palmipèdes ne se perchent point. Il suffit de les rentrer dans un local clos et bien garni de paille qu'on renouvelle, car eux aussi réclament soins et propreté.

Quant aux dindons, aux pintadeaux, après avoir passé la crise du rouge et dès qu'ils sont adultes, ils se perchent ; il y a alors tout intérêt, pour assurer leur santé et leur développement, à les laisser coucher dehors, au grand air, par tous les temps; il semble toutefois préférable d'abriter les pintadeaux sous un hangar ou une loge; on les habitue, sans peine, à percher sur de vieilles roues de voiture, dont les cercles de fer ont été enlevés, et qu'on a fixées sur le haut d'un fort poteau scellé dans le sol; soit encore sur une vieille voiture, à laquelle on laisse les roues et qu'on garnit, au-dessus des ridelles, de fortes perches solidement attachées; une voiture ainsi bien disposée peut suffire à 50 ou 60 dindes. La montée sur ce perchoir leur est facilitée au moyen de deux ou trois échelles rudimentaires placées en pente et appuyées sur la perche la plus élevée du bâtis; ils y montent sans difficulté et d'eux-mêmes, tant ils sont heureux de percher, haut et en plein air, après le repas du soir. Dès qu'ils jouissent de ce régime, leur plumage luisant, leurs têtes et caroncules très rouges indiquent leur bonne santé.

II

La Vacherie. -- Ses Produits

Le Veau — Le Lait. — Le Beurre. — Le Fromage. — La Laiterie.

Dans toute exploitation rurale de grande, moyenne ou petite culture, l'étable, où mangent, reposent les vaches, se nomme la *vacherie*, et le serviteur spécialement préposé aux soins à donner à ces animaux, vaches et veaux, sous l'œil vigilant de la ménagère, a nom *vacher*. Le vacher garde aussi les vaches au pâturage dans la saison où elles vont paître.

La vacherie doit être élevée du sol au plafond, bien aérée, tenue très propre; les auges, avant chaque repas, nettoyées avec soin, et la paille de couchage abondante, pour éviter que les vaches se salissent les fesses, et plus notamment le pis.

Derrière les vaches, une rigole plane, pavée ou cimentée doit recueillir et conduire directement à la fosse à purin, au dehors de la vacherie, les urines et déjections liquides fournies par le troupeau ; la santé des bêtes l'exige ; et, de plus, il ne faut pas perdre cette richesse.

Les vaches laitières doivent être à l'abri des courants d'air ; il importe qu'elles ne soient point dérangées dans leur repos, après les repas régulièrement donnés, afin qu'elles ruminent à leur aise, condition essentielle de leur bonne digestion. La vache malade, ou simplement indisposée, ne rumine pas.

Chaque matin, les vaches doivent être étrillées, brossées avec soin partout, et notamment derrière les oreilles et entre les cornes. La maîtresse, à défaut de maître occupé ou absent, doit veiller de près pour obtenir du vacher, ces soins de propreté.

Le veau est le petit de la vache ; dès qu'il est né, on l'approche, en le portant, auprès de la mère ; elle le lèche avec affection ; pour l'y convier, au besoin, on frotte le veau avec une poignée de sel de cuisine. Dès que le veau se relève sur ses pattes, il cherche à aller téter ; on l'aide à se rendre près du pis ; s'il ne prend la tétine, la lui mettre dans la bouche ; il suce et continue le plus souvent ; s'il la quitte, il la reprend seul, aussitôt.

Dès que le jeune veau a *un peu* tété, il doit être arrêté, de peur qu'il absorbe trop ; il y a lieu de le garder près de la mère qu'il faut traire aussitôt avec douceur et grandes précautions, car le pis est, le plus souvent, gonflé, raide, tuméfié et très sensible au toucher ; petit à petit, patiemment, la ménagère le vide le plus possible. A défaut de cette utile précaution, la vache souffrirait ; elle pourrait se blesser en se couchant, et, ce qui serait plus grave encore, l'engorgement des mamelles occasionnerait de douloureux abcès.

La ménagère fait mettre un collier en cuir autour du cou du veau, qui est attaché aussitôt, derrière la mère, à une boucle scellée dans le mur ; ou, — ce qui est mieux, — le veau est conduit dans une loge à veaux fermée par des planches jointes et laissé dedans en liberté.

Le veau tète trois fois par jour : le matin, à midi, le soir, à heures régulières ; aussitôt que la ménagère estime qu'il a pris suffisamment, et *très peu* durant les *premiers* jours, elle trait le reste du lait et vide les mamelles. Ce premier lait n'est pas bon à utiliser ; elle le donne à boire à la vache. Au bout de quelques jours, le lait devient blanc, naturel, comestible, il peut être employé séparément car il ne faut point le mélanger à celui des autres laitières ; chauffé *il tourne* le plus souvent.

Au fur et à mesure que le veau grandit, il absorbe tout le lait de la mère ; parfois même, il n'en trouve plus assez ; dès que la ménagère s'en aperçoit, il convient de donner immédiatement à la nourrice un supplément de nourriture plus substantielle, fourrages variés succulents, riches et aussi de bons *barbotages* de son et farine d'orge. Si ce supplément ne suffisait point il y aurait lieu de donner au veau une seconde mère. A huit ou dix semaines, le veau de lait peut être vendu pour la boucherie. Si on veut le conserver comme élève, il ne faudra *point le priver* de son lait ; mais, bien au contraire, lui en donner davantage et lui assurer ainsi un meilleur développement.

Plus tard, le veau sera habitué, peu à peu et progressivement, à se passer de lait ; on lui donnera quelques poignées de bon regain fin, de l'eau blanchie et quelque peu d'avoine qu'il pourra manger et digérer facilement.

Lorsque le veau vendu à la boucherie a été livré, la ménagère prend soin de traire la vache aux mêmes heures des tétées du veau ; tout d'abord, la mère donnera peut-être mal son lait, en raison de l'absence de son petit, de son chagrin, de son inquiétude ; il faut traire quand même ; peu à peu, elle l'oubliera.

Le lait secrété par les mamelles des vaches convenablement nourries est un liquide blanc, sucré, agréable au goût et très nourrissant.

Les ménagères traient le lait dans un seau en fer-blanc qu'elles tiennent entre leurs jambes, étant assises en face du pis de la vache ; pour traire, elles pressent légèrement de haut en bas les tétines entre les doigts, et font écouler le lait dans le seau. Au fur et à mesure de la traite de chaque vache, elles versent le lait dans un grand seau en tôle étamée de la contenance de 20 à 25 litres, muni d'un bec qui facilite le dépotage du lait ; intérieurement ce seau porte une règle, en cuivre, divisée ; cette règle permet à la ménagère de se rendre facilement un compte exact de ce que lui a donné chacune des vaches, et aussi de la totalité du lait obtenu pour l'ensemble des laitières. Les seaux servant à traire et le grand seau où se réunissent les traites, *ne doivent servir qu'à cet usage*.

Le lait est aussitôt porté à la laiterie pour y être coulé. La bonne ménagère ne doit laisser, dans la vacherie, le lait trait, que *le moins de temps possible*; quelque propre et bien tenue que soit une étable, le lait y prend très vite mauvais goût.

Le lait est coulé au travers d'une passoire à fond de toile métallique très fine et serrée; la passoire est placée successivement sur chacun des pots ou au-dessus de vases en terre peu élevés dits *jattes à lait*. Remplis, les pots ou jattes sont rangés sur les tables ou les rayons de la laiterie; on ne les couvre pas. La crème se sépare d'elle-même et monte à la surface.

D'aucunes ménagères préfèrent couler le lait dans des pots ; d'autres adoptent les plats évasés, moins profonds, estimant, ce qui d'ailleurs est logique et vrai, que la crème monte mieux et en plus grande quantité *dans les plats évasés* que dans les pots. Le lait coulé dans les jattes offre plus de contact avec l'air et la crème, en effet, doit pouvoir, *pour le même lait*, se former mieux et plus vite; il semble aussi que l'écrémage doive s'exécuter plus complet et plus facilement.

Disons toutefois, en faveur de l'emploi des pots, que ceux-ci, munis d'anse, se portent aisément.

La Laiterie. — La laiterie, où se dépose le lait, où se fait le beurre, et *prendre* le caillé pour obtenir des fromages blancs frais, doit être, en tous temps, d'une extrême propreté, très aérée et surtout éloignée des étables, des fosses à fumiers et à purin; le sol sera dallé, légèrement en pente, afin de faciliter le lavage à grande eau. Il est de toute nécessité que l'été, comme l'hiver, la température y conserve à peu près celle d'une cave voûtée, ce qu'on obtient assez facilement, l'été en rafraîchissant souvent et en aérant la nuit; l'hiver, en réchauffant l'air au moyen d'un poêle à feu continu dépensant peu de combustible et facile à entretenir.

Les pots ou les plats évasés remplis de lait frais ayant été rangés sur les rayons ou sur la table, la montée de la crème se produira d'autant plus vite que le lait sera plus refroidi.

Quand la ménagère juge, avec son habitude et son expérience, le moment favorable, elle procède à l'écrémage au moyen d'une cuillère large et plate ou d'une écumoire, — ces ustensiles ne doivent servir qu'à cet usage — elle verse, au fur et à mesure de l'enlèvement, la crème dans le vase en terre dit *crémière*, dont l'ouverture est large et le fond percé d'un trou bouché par un fausset (ici on l'appelle *douzi)*, sorte de bouchon en bois qu'on enlève pour extraire le *dessous* de la crème avant de la verser dans la baratte et faire le beurre. La crème, dans ces conditions, n'est plus douce, elle est légèrement aigrie; mais le beurre n'en est pas moins très bon, et bien des personnes le préfèrent à celui qui a été fait avec la crème douce.

Ecrémeuse centrifuge. — Grâce au progrès, beaucoup de fermes, dans la circonscription, ont actuellement une *écrémeuse* à bras. C'est un instrument commode, utile et économique, enlevant du lait toute la crème, et aussi parce que, grâce à son emploi, la ménagère n'a plus à couler le lait dans des jattes ou dans des pots à lait; elle n'a plus à faire l'écrémage à l'écumoire; elle n'a plus à nettoyer ou faire laver et rincer ces vases de laiterie qui, s'ils ne s'usaient point, étaient parfois brisés et à remplacer. Avec l'écrémeuse centrifuge, plus n'est besoin de cette vaisselle encombrante et coûteuse; la crémière suffit.

Aussitôt après la traite de toutes les vaches, le lait *chaud*, porté à la laiterie, est versé dans l'entonnoir de l'écrémeuse; une aide actionne l'appareil, en tournant très régulièrement la manivelle; la crème, séparée aussitôt du lait au fur et à mesure de son passage dans l'écrémeuse, s'écoule dans le vase, *la crémière*, destiné à la recevoir; et, par un autre tube, arrive, dans un seau, le lait *écrémé*. Ce lait, bien que privé de la crème, est excellent; il peut être consommé par le personnel de l'exploitation, ou vendu comme **tel,** ou utilisé par la porcherie, par les volailles. Les porcelets, les porcs à l'engrais, en sont très friands; mélangé à la farine d'orge, il les engraisse promptement et la chair est blanche et ferme.

Le lait écrémé ne peut faire de bons fromages; même en ajoutant beaucoup de présure, il ne prend pas ou très difficilement.

L'écrémeuse, plus encore que tous les autres ustensiles de laiterie, doit être tenue très propre; le mieux est d'y passer de l'eau aussitôt après l'avoir fait fonctionner, et donner, en outre, en la démontant, un nettoyage complet le plus souvent possible. D'ailleurs, rien n'est plus simple et plus facile.

La crème est réservée dans les crémières jusqu'au jour où la ménagère voudra faire le beurre.

Le Beurre. — Fabrication du Beurre dans une Exploitation rurale. — La ménagère commence par retirer *le dessous* de la crème en ôtant le fausset placé au bas de la crémière; ce dessous, ou petit lait, est donné aux porcs; elle n'a plus qu'à séparer le beurre par le *barattage* de sa crème.

Quand elle a peu de crème, ou si elle veut ne fabriquer qu'une très petite quantité de beurre, la ménagère verse la crème dans une *égoutasse*, vase en terre cuite ayant la forme d'un tronc de cône dont la plus petite base forme le fond et la grande base ouverte est en haut, et une anse sur le côté. Elle s'assied, place le vase entre ses genoux et, tenant dans ses deux mains, bien perpendiculairement, le manche du « bat-beurre », que voici, — en avoir un emprunté et le montrer aux élèves — la ménagère tourne, retourne, frappe la crème autour du vase, jusqu'à séparation du beurre et du lait de beurre ou *beurrée*.

C'est là le vieil et antique procédé peu expéditif et assez pénible. Actuellement, dans les plus petites exploitations, il est fait emploi de la *baratte*. Il existe un grand nombre de modèles de ces instruments ; disons de suite que le barattage ne s'effectue facilement et convenablement qu'autant que la température de la crème est à *13° centigrades* environ ; trop en-dessous, trop au-dessus, la séparation du beurre s'effectuera mal, péniblement, et le plus souvent pas du tout.

Les meilleures barattes *sont en bois,* — le métal ne convient point ; le beurre s'attache à la paroi et il prend, au contact, mauvais goût.

Parmi les nombreuses barattes connues, il faut donner la préférence à celles qui ne portent *aucun* système d'engrenage.

La baratte *normande*, en forme de tonneau avec son ouverture large, ses ailettes montées et fixées à volonté sur un axe ou arbre en fer horizontal, avec son manche à l'une des extrémités, est simple, assez expéditive, douce à tourner et très facile à nettoyer en dedans et en dehors.

Dans le même genre, bien que différente par la forme, on trouve la baratte *Chapellier*, du nom de son fabricant. Cette baratte offre des avantages sérieux sur la baratte normande ; elle représente un tambour à six pans égaux muni de deux ouvertures : l'une, plus large, sert à verser la crème et aussi à retirer le beurre après le barattage ; enfin à opérer facilement le nettoyage intérieur du tambour. L'autre ouverture, d'un diamètre de quelques centimètres, est fermée par un simple bouchon conique en bois ; elle permet à la ménagère de faire écouler la beurrée dans un seau, avant de sortir le beurre, et de la remplacer par de l'eau bien fraîche, et cela plusieurs fois, pour, d'une part le laver et d'autre part le raffermir s'il est trop mou après le barattage.

Dans cette baratte, pas d'ailettes, pas d'axe métallique traversant le tambour ; celui-ci porte sur chacun de ses deux flancs verticaux, et en dehors, une forte plaque métallique vissée et faisant corps avec cette plaque ; à droite et à gauche, deux arbres courts roulant sur deux patins ou coussinets de dimension fixés sur le bâtis servant de support élevé à la hauteur moyenne des bras de la ménagère ou de l'aide. Cette disposition rend le tambour tournant très bien équilibré et elle permet à l'opérateur de rester debout et de faire tourner la baratte sans aucune fatigue. Enfin, sur la face du tambour *diamétralement opposée* à l'ouverture qui sert à verser la crème, à retirer le beurre et à verser l'eau pour le laver, s'en trouve une autre dont l'utilité est incontestable : moins large, elle sert à introduire dans la baratte et de l'y maintenir fixé, même en tournant, un manchon cylindrique en fer blanc foncé dans le bas, dans lequel, suivant qu'il soit utile d'élever la température de la crème ou de l'abaisser, on verse de l'eau chaude ou de l'eau froide, de façon à amener la crème à baratter au degré indispensable — 13° centigrades — pour la réussite de la fabrication du beurre. Un thermomètre, joint à la baratte, guide l'opération. Avec cet instrument sérieux, commode et solide, le beurre se fait promptement et bien.

Aussitôt le beurre fait — la beurrée ayant été expulsée — il doit être lavé plusieurs fois dans plusieurs eaux bien fraîches qu'on verse dans la baratte, puis la ménagère sort la motte de beurre qu'elle place dans un vase en faïence, ou autre, vernissé.

La bonne et soigneuse ménagère doit toucher, **le moins possible**, le beurre avec ses mains ; elle doit le presser, le *malaxer* avec une large cuillère de bois ou une forte spatule en buis, pour extraire complètement le lait de beurre qui nuirait au bon goût et à la conservation ; puis il reste à diviser la motte de beurre en fractions de 500 et de 250 grammes, et à donner, à chaque pesée, la forme désirée.

Le mieux est, pour cela faire, de se servir d'un moule spécial en bois dur, le buis de préférence, que la ménagère remplit de beurre en l'y serrant fortement avec la spatule ; elle retourne ensuite le moule et, en frappant un coup sec sur le fond, elle laisse tomber, dans l'eau bien fraîche, le morceau de beurre du poids et de la dimension voulus ; puis elle saisit chaque morceau entre deux feuilles d'oseille, de laurier-rose ou autres, suivant la saison, et le place dans une serviette bien blanche qui garnit le fond et les côtés du panier *spécial au beurre*, pour être conduit au marché.

Lorsqu'il fait très chaud, la ménagère, afin de conserver son beurre plus frais, plus ferme, prend soin de porter de suite le panier à la cave ; à défaut de cave, elle peut attacher, avec précaution et solidement, l'anse du panier *à la gueule de loup* de la chaîne du puits, le descendre jusqu'aux deux tiers, ou environ, de la profondeur, et bien assujettir le volant du tour, pour que le panier ne puisse aller plus bas. Le beurre y sera encore mieux que dans une cave, car il n'y aura à craindre ni chats, ni rats.

Le beurre, même bien lavé et débarrassé du lait de beurre par le malaxage, devient facilement rance, surtout en été. Pour le conserver mieux à son usage, la ménagère prend soin de le pétrir — *toujours sans y mettre les mains* — en ajoutant du sel fin et gris. Quand elle veut conserver du beurre pour la consommation d'hiver, saison durant laquelle il atteint, pour plusieurs raisons, un prix plus élevé, elle doit faire fondre, à l'automne, de bon beurre frais.

Pour cela, deux procédés : le premier, faire fondre à feu doux sur le fourneau, enlever avec l'écumoire toutes les impuretés au fur et à mesure qu'elles se forment et surnagent, tirer ensuite le beurre dès qu'il *a perlé*, et le mettre dans des pots en terre, faïence ou porcelaine. Dès que le beurre est refroidi, on couvre avec un papier blanc et on place par-dessus le couvercle bien serré et ficelé tout autour du pot.

Le second procédé, très facile et économique, consiste à placer dans un ou plusieurs pots en terre (pots à lait par exemple) suivant la quantité que la ménagère veut fondre, au fond une mince couche de farine, achetée chez le boulanger, sur cette première couche, elle met une couche de beurre frais, bien lavé; sur le beurre une nouvelle mince couche de farine, et ainsi de suite jusqu'à ce que le pot soit rempli suffisamment; et en finissant par une couche de beurre. Elle place le ou les pots, sur la plaque en fonte du foyer; devant, et à distance d'un feu léger et clair; au fur et à mesure que le beurre fond *très lentement*, il cède ses impuretés à la farine, qui le tamise, et en reste imprégnée; et ce, d'autant mieux que la ménagère aura pris soin de tourner souvent et très doucement les pots, dans le but de réchauffer également toute la masse; mais *éviter l'ébullition*.

Le beurre fondu s'élève peu à peu à la partie supérieure, la farine et les impuretés gagnent le fond du pot; la ménagère n'a plus qu'à tirer le beurre fondu au clair. Ce beurre fondu, clarifié, se conserve très bien; il peut remplacer, dans bien des cas, avec avantage, le beurre frais d'hiver.

Le peu de beurre mêlé aux impuretés descendues au fond avec la farine, rendent celle-ci assez grasse; une bonne ménagère utilise le tout, en l'employant à faire une bonne galette dès la première fournée de pain; cette galette régalera toute la famille et les serviteurs; il n'y aura rien qui soit perdu.

Le Fromage. — Outre le beurre, le lait sert encore à la fabrication du fromage. Dans la circonscription, n'existent point de fromageries; quelques essais ont été tentés; ils sont restés sans succès; cela par bien des motifs différents sur lesquels il semble inutile de s'arrêter dans un opuscule destiné aux écoles primaires rurales.

La ménagère a l'obligation de ne rien négliger pour obtenir le plus possible des produits de la vacherie ; il lui faut songer aussi à entretenir la table de la famille et des serviteurs ; aussi doit-elle faire des fromages ; ils sont souvent l'unique pitance du repas des travailleurs ruraux, et aussi des ouvriers : maçons, couvreurs, charpentiers, bûcherons, etc., qui vont exécuter au loin, leurs divers travaux.

Il a été dit, et vous vous le rappelez sans doute, que le lait passé à l'écrémeuse, prend mal, même en employant beaucoup de présure, il ne se *caille* que difficilement, et ne fournit qu'un fromage très maigre, cassant, sans goût, même à l'état frais. Aussi, la ménagère réserve quelques pots de lait qu'elle écrèmera à l'écumoire ; quand elle aura enlevé la crème montée à la partie supérieure du lait pour la convertir en beurre, elle ajoute aussitôt la présure nécessaire achetée chez le pharmacien, ou chez l'épicier. Le *caillé*, dès qu'il est jugé assez pris, est mis au moyen de l'écumoire, dans des « faisselles » percées de trous, préalablement garnies dans tout l'intérieur, fond et pourtour, d'un morceau de mousseline ou de linge usé, très propre.

Ces faisselles sont ensuite rangées, pleines de caillé, sur les liteaux fixés intérieurement aux deux côtés d'une auge en bois de chêne, et présentant une pente légère, soit par les liteaux eux-mêmes, soit par la différence de hauteur des pieds qui supportent l'auge, de telle sorte que le petit lait s'y égoutte, s'écoule vers l'extrémité la plus basse de l'augette, et se déverse dans un baquet ou mieux dans un grand pot en grès, d'où on le puise pour le breuvage des truies et des porcelets.

Le caillé s'abaisse peu à peu dans les faisselles ; la ménagère les remplit au fur et à mesure de l'affaissement du caillé, et *ainsi*, jusqu'à ce que les faisselles restent *bien pleines*.

Quand tout le petit lait est sorti, il n'y a plus qu'à renverser les faisselles sur une claie formée de petites lattes clouées en forme de cadre, et dont le fond a été garni d'un léger lit de paille blanche triée, et très propre. Les fromages sont faits, il n'y a plus qu'à les saler en les soupoudrant avec du gros sel. Sur cette claie, les fromages se sèchent légèrement dans la laiterie; on les peut manger de suite, comme fromages *frais*.

Pour obtenir des fromages secs, à conserver pour porter aux champs, lors des travaux extérieurs ou éloignés : fauchaison, fanage, moisson, ou pour les garder à utiliser dans une autre saison, la ménagère alors les retire de dessus la claie, mi-secs, et elle les range dans la « séchière » portative ou fixe, close, et qui n'est autre chose qu'un simple garde-manger en osier, ou en forme de cage couverte, grillagée, qui préserve ces fromages des déprédations des moineaux et des souris; la séchière doit être exposée à l'air, et à l'ombre d'un arbre pour éviter les mouches, et les rayons trop desséchants du grand soleil.

C'est ainsi qu'on fait et obtient les fromages **à la pie.** Ils se vendent bien; ils sont recherchés sur tous nos marchés; les femmes des ouvriers divers les achètent volontiers, et souvent, elles n'en trouvent point autant qu'elles le désirent pour leurs besoins.

Les petits fromages de chèvre si bons, si fins, se fabriquent de la même manière, sauf cependant que le lait est mis en présure *aussitôt* après la traite (on ne fait pas de beurre avec le lait de chèvre). Ces fromages sont exquis, surtout quand la ménagère les a fait *se passer;* elle obtient les fromages passés en les plaçant, *à mi-secs,* dans un vase clos, couche de fromages, dessus légère couche de foin fin, autre couche de fromages, autre couche de foin, le tout légèrement arrosé d'eau salée, ou mieux de bon vin blanc.

La région de Graçay, faisant partie de notre association, celle de Vatan (Indre) sa voisine, jouissent, à juste titre, de la renommée des meilleurs fromages de chèvres produits dans la circonscription de Vierzon.

La production des fromages de chèvre a baissé depuis quelques années; elle continue de diminuer de plus en plus; l'élevage de la chèvre disparait peu à peu, au fur et à mesure que le progrès agricole augmente, et permet

la disparition des terrains autrefois abandonnés à la
pàture.

Fromage a la crème. — Apprenez, maintenant, à
faire le fromage *à la crème*.

Dans certaines circonstances, réception de famille,
d'amis, ou autres, la ménagère peut désirer offrir un
excellent fromage à la crème. Rien de plus simple à
faire; apprenez-le: il suffit de laisser cailler le lait dès
qu'il a été trait et coulé, puis de verser dans une faisselle
de la grandeur voulue, garnie préalablement d'une
mousseline, ainsi que déjà vous l'avez appris; laisser
égoutter durant quelques heures; mettre ensuite ce lait
caillé dans une *égoutasse* ou à défaut dans un saladier,
ajouter de la crème très fraîche, remuer le tout, en tri-
turant, et mélangeant bien au moyen du *bat-beurre* en
bois.

La ménagère, dès que le mélange est bien fait, verse
dans la même faisselle garnie, ou dans un petit panier
d'osier fin, en forme de cœur, de losange ou autre, et
garni intérieurement de mousseline; laisser le fromage
se bien égoutter jusqu'au moment de le renverser pour
le servir garni, dessus, et tout autour, de crème fraîche
dans laquelle il doit baigner convenablement.

Les cultivateurs, dans le voisinage des villes, obtiennent un beau produit de la fabrication des fromages à
la crème, au printemps et à l'été.

III

Bergerie. Les Mères-Brebis. Les Agneaux blancs

Les enfants doivent montrer toujours la plus grande douceur envers tous les animaux, les aimer, les affectionner, et ne jamais leur infliger de mauvais traitements, fussent-ils, à leur avis, mérités. Il faut les soigner avec sollicitude.

Et quand, plus âgés, les petits garçons ou filles ont la conduite et la garde d'un troupeau, ils doivent le mener toujours doucement, ne jamais exciter le chien contre les vaches ou les brebis, etc. Un bon gardien doit surveiller sans cesse toutes ses bêtes attentivement, remarquer celles qui, au pâturage, ne mangent pas, se couchent, paraissent inquiètes, tristes; et confier immédiatement, à la ménagère sa maîtresse, toutes ses observations, dès son retour à la ferme.

Se rappeler qu'une vache laitière, poursuivie par le chien, ne donne jamais autant de lait, à la traite qui suit; tandis que la vache qui a pâturé paisiblement, qui n'a point été pourchassée, rentre toujours avec ses mamelles bien remplies d'excellent lait.

Une brebis poursuivie par les chiens peut perdre son agneau; mordue, elle guérira difficilement, deviendra malade; elle peut même en mourir.

Aussi bien, une bonne bergère doit elle avoir constamment les yeux sur son troupeau, ne jamais s'asseoir au pied d'un arbre, ou auprès d'une boucheture, et ne point travailler aux champs; tout au plus, peut-on lui permettre de tricoter un bas en marchant, mais point de lecture, point de raccommodage, ni pour elle, ni pour la famille ; la bonne surveillance du troupeau lui suffit amplement.

Le chien doit rester docile auprès du berger, ou de la petite bergère, dont il est le fidèle compagnon. Le mieux serait même qu'il fût muselé pendant le temps de la garde du troupeau.

La bergerie doit être très aérée, bien éclairée, élevée d'étage, de manière à ce que les ovins, moutons ou brebis, y respirent librement, et à pleins poumons, un air vraiment pur, et non point, comme trop souvent un air vicié, impur, ammoniacal, irrespirable, suffocant dès qu'on y entre. Les ovins, couverts d'une forte toison, ont presque toujours trop chaud dans la bergerie ; sortent-ils, ils s'enrhument ; on les voit *moucher*, on les entend éternuer, tousser. Une bergerie doit être facile à ventiler ; le mieux est qu'il s'y trouvent de grandes baies ou cheminées d'aspiration permettant à l'air vicié de s'échapper *par le haut*, en se renouvelant par des ouvertures évasées établies çà et là au-dessus des rateliers, et qui se ferment et s'ouvrent à volonté.

Une bergerie doit avoir, dans tout son pourtour des rateliers bien disposés, et munis à la partie inférieure d'augettes, dans lesquelles tombent les fleurs, les feuilles et parcelles de fourrages que les ovins y ramassent, et mangent avec avidité.

Dans les rateliers doivent être placés et entretenus des blocs de sel ; les moutons les lèchent, avec plaisir, dans l'intérêt de leur appétit et de leur santé.

Il ne faut point donner aux ovins, aux brebis-mères encore moins, des fourrages avariés, moisis, mal rentrés ; la bonne paille blanche et saine serait de beaucoup préférable.

La ménagère veillera à ce que les baquets, peu profonds, soient entretenus constamment d'eau fraîche, renouvelée le plus souvent possible ; mettre et conserver dans l'eau de ces auges des barres de fer, ou des fragments de cercles usés des roues. Cette bonne précaution rend l'eau ferrugineuse et tonique.

Le cultivateur qui, avec raison, entretient une bonne bergerie, obtiendra par les soins assidus de la ménagère et grâce à son œil vigilant en faveur des brebis et de leurs agneaux, des bénéfices sérieux par la laine, le croît et le fumier. Le fumier des ovins est le meilleur de tous, après toutefois celui des volailles trop souvent négligé.

Dans une culture intelligemment dirigée, quelques champs suffisants pour le parcours du troupeau doivent être réservés ; la ménagère fera bien d'y tenir la main, de les exiger. Les ovins, en dehors de la bonne nourriture sèche et variée qu'ils reçoivent dès le matin avant *leur sortie,* ont besoin de *moder,* c'est-à-dire de marcher, se déplacer et de rechercher, pour s'en repaître les petites plantes fines, odorantes qui leur conviennent le mieux et qu'ils choisissent dans les pâturages. Ils ne doivent *jamais* sortir tant que la rosée n'a pas disparu ; l'herbe saine *seule* leur convient. Il faut que la bergère veille, avec la plus grande attention, sur son troupeau pour éviter que quelques bêtes courent dans les prairies artificielles, luzernes, trèfles, vesces, etc. ; n'y resteraient-elles à brouter que quelques instants, elles enfleraient ; la météorisation les ferait périr très promptement.

Si les ovins ne doivent jamais manger les herbages encore couverts de rosée, il convient non moins de veiller à ce qu'ils ne sortent pas par la pluie ; leur éviter surtout les grêlières, les averses froides de février et de mars. Quand le temps n'est point sûr, mieux vaut les garder à l'étable et les y nourrir. A plus forte raison les ovins ne doivent-ils jamais être conduits dans des bas-fonds marécageux ; l'herbe médiocre, malsaine, qu'ils y trouvent, les prédispose à la grave maladie qui, bien vite emporterait le troupeau tout entier, à la *cachexie aqueuse* ; la rosée, la pluie, l'humidité sont funestes aux ovins ; il leur faut les plaines calcaires saines, les hauteurs, où ils trouvent et consomment à leur grande satisfaction et profit, des herbes courtes, mais nourrissantes.

Jamais la ménagère ne répétera trop ses recommandations à la bergère de qui dépend l'avenir du troupeau confié à sa vigilante et constante attention.

Agnelage. — Dans toute bergerie, une division, ou compartiment spécial reste toujours réservé, pour, à l'époque de l'agnelage, recevoir les mères-brebis au fur à mesure de la naissance des petits agneaux ; il faut même y faire demeurer les mères quelques jours avant la mise-bas ; la ménagère qui surveille attentivement son troupeau à la rentrée des champs, ainsi qu'à la sortie de la bergerie, s'aperçoit facilement de l'état d'avancement des brebis au gonflement plus accentué du pis ; elle remarque encore leur lourdeur dans la marche ; elles sont plus dolentes et tristes que les autres ; elle met aussitôt séparément cette future mère.

Dès que le petit agneau est né, la brebis le lèche ; elle lui parle, elle l'entoure d'affection. Il suffit alors d'aider et de soutenir légèrement l'agneau près de sa mère ; elle lui facilite elle-même sa tétée, car il s'y met immédiatement avec courage et satisfaction, qu'il montre en remuant vivement et fréquemment sa petite queue.

Quelques rares brebis repoussent, tout d'abord, leur nouveau-né, soit qu'en tétant l'agneau ait fait mal au pis rouge, dur, endolori, soit que, chez les jeunes mères, l'instinct maternel soit encore insuffisamment développé. Alors, la ménagère, avec grande douceur, prend la brebis, elle l'appuie près d'elle et lève légèrement l'une de ses pattes de derrière, en l'écartant assez pour faciliter à l'agneau la prise de la tétine. L'agneau dégorge peu à peu le pis de sa mère ; on la marque pour la reconnaître ; ou mieux, on les enferme réunis dans un petit parc ou box garni de planches minces *jointes*. Cela suffit le plus souvent et la mère, loin de refuser, se prête affectueusement et d'elle-même, en facilitant son petit ; mais il faudra les surveiller de temps en temps et assurer au besoin, l'allaitement 3 ou 4 fois par jour,

Quand les agneaux deviennent forts, les plus âgés, les gros *voleraient*, malgré le refus des mères, le lait des plus jeunes ; aussi, est-il très utile, même indispensable, d'avoir toujours au moins un ou deux petits *parçons* libres pour y enfermer les jeunes avec leur mère. C'est là l'emplacement exclusivement réservé aux nouveaux-nés quelquefois retardataires.

Les petits parcs ou *box* ne doivent jamais être clos, pas plus qu'aucune séparation dans la bergerie, avec des roulons verticaux ; ces sortes de barrages sont dangereux pour tous les jeunes animaux ; ils peuvent se prendre une patte entre deux roulons, se blesser, se démettre ou même se briser le membre. Les séparations dans toutes les étables doivent être faites avec des planches jointes.

Au fur et à mesure que les agneaux grandissent, cela vers trois à quatre semaines après la naissance, il convient, pour qu'ils profitent mieux, et qu'ils affaiblissent moins les mères, de leur donner, pendant que les brebis sont, dehors, au pâturage, un peu de gros son écailleux bien sec, mélangé à la main avec un peu d'avoine propre, exempte de graines et de poussières; on leur répand dans le râtelier du regain de bons prés ou de 3e coupe de luzerne dont ils se montrent très friands; un peu plus âgés, ils mangent avec avidité et plaisir un peu de betteraves très finement coupées au coupe-racines et qu'on a mélangées à la provende d'avoine, d'orge et de son. Cette nourriture saine, riche, rafraîchissante, leur fait le plus grand bien et assure leur bon état, et aussi leur développement.

Les bacs, dans lesquels boivent les petits agneaux, doivent être *bas*, contenir de l'eau vive, claire, renouvelée tous les jours; éviter que ces baquets soient trop remplis, car les agneaux pourraient se mouiller et même se noyer.

Quand les agneaux ont atteint 5 à 6 mois, on les sèvre peu à peu, sauf les plus malingres, car il y en a toujours quelques-uns. Le sevrage se fait d'abord pendant la nuit;

puis, le jour et la nuit. Durant le sevrage, qui ne dure pas moins d'un mois, quelquefois plus, il faut augmenter peu à peu la très bonne et fine nourriture. Après quoi, par de belles journées, on sort les agneaux l'après-midi, dans un bon pacage établi et conservé pour eux, peu éloigné des bâtiments de la ferme et, si possible, abrité des grands vents; pour accoutumer les agneaux à rester dehors, il est bien de les faire accompagner par quelques brebis; ils les suivent docilement, au lieu de courir et de s'échauffer.

IV

La Fabrication du Pain de ménage

Autrefois, dans toute la région du Centre, les femmes des habitants des faubourgs des villes, des chefs-lieux de canton, des communes, faisaient chez elles le pain nécessaire à la famille; n'ayant pas de four à leur disposition, le four banal n'existant plus, la cuisson s'effectuait chez le boulanger de la localité, à l'heure indiquée et moyennant une légère redevance. Elles lui portaient la pâte enveloppée dans les *paillasses*, corbeilles ou *pannetons*; elles retournaient ensuite chercher et rapporter les pains après leur cuisson.

Dans les villages, les hameaux, dans les chaumières, les habitants avaient un four commun attenant et chacun, à son tour, faisait et cuisait sa fournée. Le bois, d'ailleurs, n'était ni rare, ni cher; on le coupait souvent chez soi.

Depuis longtemps, tout cela est changé : les centres communaux se sont agrandis et peuplés; les villages et les hameaux écartés se sont trouvés plus rappprochés, bien que n'ayant pas changé de place; ils sont devenus plus accessibles, grâce à la multiplicité des routes, au meilleur état des divers chemins, construits ou améliorés.

Le nombre des boulangeries a augmenté partout ; et les communes sans un boulanger sont assez rares aujourd'hui. Les habitudes anciennes ont été d'abord modifiées, puis complètement abandonnées. Nombreux boulangers colportent le pain, et beaucoup d'ouvriers agricoles ne mangent plus le pain de ménage.

Dans les domaines importants, ceux où le personnel des travailleurs divers est nombreux, les cultivateurs continuent, avec raison, à fabriquer le pain à la ferme; tous le trouvent plus nourrissant, meilleur, se desséchant moins promptement que le pain des boulangers; celui-ci, en effet, dès qu'il est rassis de quelques jours, devient sec, il n'a plus aussi bon goût que le pain de ménage.

Autre avantage à signaler : en faisant le pain chez lui, le cultivateur peut employer, outre le froment, quelques menus grains, seigle, orge d'été, qui, bien criblés et triés, mélangés avec le blé, convenablement moulus, blutés, fournissent une bonne farine, un pain excellent, nourrissant et rafraîchissant. Il y a économie.

Dans la région, chacune des fermes, même celles de la petite culture, a son four; beaucoup même offrent un local spécial, la boulangerie.

Ceci dit, il semble utile et intéressant de faire connaître, par l'enseignement ménager, comment se fabrique le pain de ferme ou pain de ménage.

Fabrication du Pain. — La ménagère, lors d'une *cuisse* précédente, a réservé dans un plat en terre, — le fer donnerait mauvais goût — une certaine quantité de pâte conservée dans le pétrin, où elle est au sec, afin qu'elle ne puisse ni aigrir, ni moisir; c'est là ce qu'on entend par le *levain* ou *chef*. En été, par les fortes chaleurs, ce levain fermente trop vite, il devient aigre; aussi est-il mieux de préparer le levain seulement la veille du jour où la ménagère veut faire le pain.

Un homme apporte et verse dans la moitié du pétrin ou *arche à pain* un sac de farine moulue et blutée depuis quelques temps — douze à quinze jours environ — car trop récemment moulue, la farine se *manutentionne* moins bien, et aussi elle produit moins de pain. La ménagère fait un trou dans cette farine, y met le levain, et verse aussitôt après, et peu à peu l'eau tiède plus ou moins chaude suivant la saison; puis, elle ajoute du sel et remue en mélangeant le mieux et le plus possible, toute la farine avec le levain.

Elle pétrit alors toute la masse en la faisant passer *par petites fractions*, et cela plusieurs fois de suite, d'un côté du pétrin vers l'autre, et la ramenant au point de départ en la soulevant avec efforts des mains, des bras, dans le but d'aérer la pâte, de la rendre plus homogène et plus légère. La pâte après ce travail, ne doit être ni trop dure, ni trop molle.

Le pétrissage suffisant étant effectué avec force et dextérité, la ménagère opère *la boulange* qui consiste, après avoir laissé la pâte pétrie quelques temps *en repos* dans la *huche*, à ramener toute cette pâte vers le même côté ; elle râcle les planches de la partie devenue libre et vide ; elle joint ces parcelles de pâte à la masse, et jette quelques poignées de farine qui empêchera la pâte de s'attacher de nouveau aux parois du pétrin vers lesquelles après l'avoir découpée au moyen du coupe-pâte, elle va déposer au fur et à mesure celle nécessaire, pour former chacun des pains.

Ayant découpé dans la masse, la quantité suffisante pour un pain, elle la passe lestement et aussitôt sur la farine parsemée à sa droite ; puis, elle saisit cette boule de pâte **enfarinée** et la place dans la corbeille garnie préalablement d'un linge bien blanc, *le linge à pain*, qui déborde tout autour de la partie supérieure de la corbeille, et de manière à recouvrir toute la pâte quand il a été replié dessus. Il importe, — et vous allez bientôt apprendre pourquoi, — que la corbeille ne soit remplie qu'aux deux tiers au plus, de sa contenance totale ; et ainsi de suite jusqu'à ce que toute la pâte boulangée soit mise dans les corbeilles, placées au fur et à mesure sur une table ou un rayon, s'il existe un reste, — ce qui arrive souvent, même à dessein, — la ménagère fait un ou plusieurs petits pains à manger de suite tout frais, et offrir ainsi un régal aux enfants, aux serviteurs ; c'est une gourmandise bien permise et bien peu coûteuse.

La pâte mise en corbeilles fermente et bientôt, suivant la température, elle se gonfle, monte dans la corbeille, elle arriverait peu à peu à en sortir; voici pourquoi il a été recommandé de ne remplir ces corbeilles qu'aux deux tiers au plus.

En hiver, lorsque le froid est vif, la température basse, la pâte ne lèverait que difficilement, lentement, péniblement, si la ménagère ne prenait point l'indispensable précaution de couvrir les pannetons remplis, avec des couvertures de laine, couvre-pieds, ou autres objets chauds qui s'opposent à l'action du froid extérieur, et même de celui de la boulangerie familiale rarement chauffée.

En été, et lorsqu'il fait chaud, la ménagère doit allumer le four **avant même** de commencer à pétrir, autrement le four ne serait pas à point, que déjà la pâte serait plus que prête pour être vite enfournée; en hiver, au contraire, il suffit d'allumer en commençant à faire le pain, et même s'il fait très froid, après la mise de la pâte en paniers.

Allumage du Four. — Pour allumer le four, mettre d'abord le feu à quelques brindilles bien sèches qui puissent s'enflammer très promptement, et communiquer le feu aux bourrées ou fagots de bois dont le four a été garni; la ménagère ou son aide, attise le feu en remuant, en soulevant le bois au moyen du *fourgon*, longue perche qu'elle tient à la main, à distance de la bouche du four; elle promène la braise enflammée dans toutes les parties du four; elle remet, avec une fourche à long manche d'autre bois, si elle juge qu'avec la précédente garniture, le four ne serait pas suffisamment chauffé. Il faut, dans ce travail, comme en toutes choses, de l'habitude, une grande expérience, de l'habileté, et enfin connaître le four, car d'aucuns, suivant la construction primitive, se chauffent plus vite, plus facilement que d'autres.

Il faut de toute nécessité que la chaleur du four soit *partout uniforme*, que le sol du four sur lequel on déposera la pâte, et que la voûte ou couronne *soient à la même température*.

La ménagère reconnaît que la *sole* ou plate-forme est assez chaude lorsqu'en la grattant avec l'extrémité du fourgon carbonisé elle aperçoit en jaillir quelques étincelles; quant à la couronne, en briques, elle doit présenter une vive couleur blanche qui fatiguerait la vue en la fixant du regard. Ceci constaté, la ménagère refourgonne de nouveau, puis ramasse, depuis le fond jusqu'à l'entrée du four, toute la braise, au moyen du *ruabe* ou fourgon en fer recourbé qu'elle traîne sur le sol du four; enfin, elle donne partout, et **prestement,** un énergique coup de balai.

Il reste à enfourner la pâte.

La ménagère s'assure et elle reconnaît tout d'abord que la pâte est bonne à *enfourner :*

1° A ce qu'elle est suffisamment montée dans les corbeilles; et, 2° lorsqu'elle aperçoit visiblement la surface enfarinée toute *fendillée.*

Pour enfourner, la ménagère place la pelle plate en bois, dite pelle à pâte, sur la plaque de fonte de la bouche du four, et elle appuie le long manche de cette pelle sur le dos d'une chaise, assez éloignée et écartée pour qu'elle ne gêne pas ses divers mouvements prompts et répétés à chaque *enfournement* des *corbeillées.* Elle garnit cette pelle de recoupettes pour empêcher la pâte d'adhérer au bois.

L'aide verse la pâte sur la pelle, en retenant, dans l'une de ses mains, le linge qui entourait la pâte, et la corbeille; elle les met prestement de côté, pour reprendre une autre corbeille pleine, pendant que la ménagère enfourne la première; et, ainsi de suite, pour chacun des pains à cuire; la ménagère les range dans le four avec précaution, de manière à les faire tenir tous sans qu'ils se touchent; elle ferme aussitôt la porte du four, après avoir ramené intérieurement, devant la porte, la braise tirée du sol du four, ainsi qu'il a été indiqué. Cette braise en ignition a pour but, placée là, de renouveler la chaleur qui a pu se perdre à l'entrée du four, durant le temps employé à y introduire la pâte, et aussi par l'absorption de la chaleur du four par les pains introduits dont la température était plus basse.

Le four s'échauffe d'autant mieux et plus promptement que le bois employé sera de meilleure qualité et sec. En général, dans notre contrée, les fermes n'ont aucun abri pour le bois; il est entassé dehors, exposé aux intempéries, la pluie, la neige; il reste, dans ces mauvaises conditions, plus ou moins humide; il brûle mal, se consume en produisant beaucoup de fumée et très peu de chaleur; il n'y a pas économie car il en faut beaucoup plus.

Pour chauffer plus aisément, plus vite, plus sûrement le four, lors d'une autre fournée, la ménagère devra s'assurer du bois sec et remédier au grave inconvénient signalé, — tout au moins dans une certaine mesure — en plaçant d'autre bois dans le four, dès que le pain aura été retiré. La chaleur séchera les bourrées ou fagots, ils brûleront mieux et ils fourniront plus de calorique pour la cuisse suivante.

Il faut de deux heures et demie à trois heures pour obtenir la cuisson convenable d'un hectolitre de blé moulu en farine pétrie et mise en pains de chacun 7 à 8 kilogrammes. L'ensemble des travaux divers réclamés par une fournée est donc de cinq à six heures, savoir : chauffage du four, pétrissage et boulange de la pâte, mise en pannetons et enfourner les pains : trois heures, plus deux heures et demie pour la cuisson et une demi-heure pour retirer les pains du four; total : six heures.

Quand la pâte a été enfournée, la ménagère doit veiller de temps en temps; elle reconnaît que le pain est suffisamment cuit dès que la croûte du dessus a acquis la belle couleur brune qui l'indique, et aussi lorsque, donnant quelques coups sur cette croûte, les pains rendent un son sec et net.

Alors elle tire, un à un, les pains du four, en glissant successivement sous chacun d'eux une pelle plate, ou simplement une bêche de jardin, à manche assez long pour lui permettre d'amener à la bouche du four les pains les plus éloignés.

Les pains, une fois retirés, doivent être laissés *debout* à refroidir dans la boulangerie; après quoi, ils sont emportés et placés dans le râtelier à pains attaché solidement aux solives de la cuisine par de fortes vis.

Là, les pains sont sainement, et aérés; ils sèchent, il est vrai, mais ils ne moisissent point.

Pendant l'été, saison de l'année durant laquelle, en raison des grands travaux, le nombre des ouvriers agricoles oblige la ménagère à cuire plus souvent, elle doit profiter de la chaleur du four, après avoir retiré les pains, pour sécher, sur des claies, des fruits tels que prunes, poires d'été, et autres. Ces fruits secs se conservent bien; elle sera heureuse de les trouver à l'hiver; ils peuvent aussi servir à faire de bonne boisson.

Veut-elle fabriquer une galette de ménage afin de récompenser ses enfants et les serviteurs? La ménagère pétrira de la farine, *mais sans ajouter du levain*; elle fera une pâte légèrement salée, ni trop dure ni trop molle, elle l'étendra, sur une table ou tablette enfarinée, en une couche très mince, au moyen d'un billot ou rouleau en bois, repliera cette couche de pâte sur elle-même, l'amincira encore; puis elle incorporera du beurre frais par petites fractions sur la couche, à raison de 250 gr. de beurre pour 500 gr. de farine employée et en ajoutant aussi, par économie, un fromage frais; elle recommence à rouler, à plier plusieurs fois sa pâte, afin de la rendre plus homogène, plus légère, et de répartir plus uniformément le beurre et le fromage dans toute la masse. Ainsi travaillée, la pâte est étendue sur une tôle légèrement beurrée; enfin, pour que, cuite, la galette ait une jolie couleur, la ménagère enduit légèrement le dessus d'un jaune d'œuf battu avec de l'eau ; c'est là ce qu'on appelle dorer la galette ; avec la pointe d'un couteau, elle trace des raies, fait même quelques trous ou incisions dans la pâte ; ces entailles rendent la galette plus agréable à l'œil quand elle est cuite ; elles ont, en outre, l'avantage de faciliter la cuisson et aussi la réussite, en évitant la déformation que pourrait produire l'action de la chaleur du four.

Maintenant, chères petites filles, vous saurez faire la bonne galette ; toutes vous l'aimez, n'est-ce pas ?

Dans le but d'éviter, aux femmes surtout, le pétrissage assez pénible de la pâte, l'industrie, qui fabriquait déjà des pétrins mécaniques pour la boulangerie, n'hésita point à en construire de modèles plus petits pour les fermes. Pour nombreux motifs divers, ces instruments n'ont pas été utilisés : leur prix, leur entretien, là surtout où ils n'auraient servi que tous les dix ou douze jours, etc., les ont fait peu apprécier. D'autre part, la culture a besoin de tant d'autres instruments et machines indispensables actuellement.

V

Le Jardin de l'École

Quelques Mots sur le Jardinet

Avant de clore ces modestes notions élémentaires d'enseignement ménager, il semble utile de donner un dernier conseil et de prier Mesdames les Institutrices toujours si dévouées, et à qui l'Association a été heureuse d'accorder, chaque année, des encouragements et des récompenses, de vouloir bien, quand possible, apprendre à leurs élèves à désherber, cultiver, semer quelques graines de fleurs, transplanter, arroser quelques plantes vulgaires, rustiques, sans doute, mais peu importe, implantées dans le petit jardin de l'école.

En travaillant avec ces enfants si intéressantes, il lui sera facile de leur faire comprendre combien jardiner, soigner les fleurs, en produire, est agréable, délassant, et donne satisfaction.

La culture d'un jardinet à l'école rurale nous semble bien à sa place, au milieu des autres travaux utiles aux jeunes filles, dans les leçons élémentaires d'enseignement ménager destiné aux écoles rurales. Savoir faire des arbustes, des fleurs, apprendre à les soigner, c'est déjà les aimer assez pour que la jeune élève devenue grande soit heureuse d'égayer, sans dépenses, le jardin potager de la ferme, en y cultivant elle-même quelques plantes; elle se rappellera les leçons de sa maîtresse en cueillant des fleurs destinées à orner, par ses soins, la demeure familiale et aussi sa chambre de jeune fille.

Elle se souviendra, avec bonheur et reconnaissance, des conseils prodigués par l'institutrice aimée, dont elle conserve le pieux souvenir, en l'imitant dans la confection d'un bouquet semblable à celui que la maîtresse prenait soin d'avoir sur son bureau, afin d'embellir et d'égayer la salle de classe.

Mesdames les Institutrices n'ignorent point que, pour instruire les enfants, pour leur donner le goût du **bien**, du **beau**, pour leur inspirer l'affection due à la famille, comme aussi l'amour de la petite et de la grande Patrie, celui des travaux des champs et de tous autres à la maison, le mieux, le plus sûr, est de donner l'exemple. Elles le prouvent, nous le savons, et notre Association agricole leur est reconnaissante.

TABLE DES MATIÈRES

PREMIÈRE PARTIE

DEUXIÈME PARTIE

Bourges. — Imprimerie Régionale J. FOUCRIER, 1 et 3, Place Berry